喜楽研の DVD つき授業シリーズ

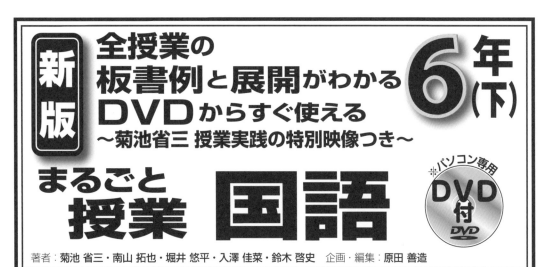

新版

全授業の
板書例と展開がわかる
DVD からすぐ使える
～菊池省三 授業実践の特別映像つき～

6年（下）

まるごと
授業　国語

※パソコン専用
DVD 付

著者：菊池 省三・南山 拓也・堀井 悠平・入澤 佳菜・鈴木 啓史　企画・編集：原田 善造

JN062735

わかる喜び学ぶ楽しさを創造する教育研究所　略称 喜楽研

はじめに

　教育現場の厳しさは，増していくばかりです。多様な子どもや保護者への対応や様々な課題が求められ，教師の中心的活動であるはずの授業の準備に注ぐことができる時間は，とても十分とはいえません。

　このような状況の中で，授業の進め方や方法についても，制限が加えられつつあるという現状があります。制限の中で与えられた手立てが，目の前の子どもたちと指導する教師に合っていればよいのですが，残念ながらそうとばかりはいえないようです。

　そんなときは，派手さは無くても，きちんと基礎をおさえ，着実に子どもに達成感を味わわせることができる授業ができれば，まずは十分です。そんな授業を作るには，以下の2つの視点が必要です。

　1つ目は，子どもに伝えたいことを明確に持つことです。

　音読を例に取れば，「初期の段階なので子どもたちに自分がどの程度の読みができるのかを自覚させる」のか，「最終的な段階なので指導した読み方の技術を生かして，登場人物の心情を思い浮かべながら読む」のかといったことです。

　2つ目は，子どもがどんな状態にあるのかを具体的に把握するということです。

　どうしても音読に集中できない子がいた場合，指で本文をなぞらせることが有効かもしれません。また，隣の子と交代しながら読ませれば楽しんで取り組むかもしれません。

　こういった手立ても，指導者の観察，判断があってこそ，出てくるものです。

　幸い，前版の「まるごと授業　国語」は，多くの先生方に受け入れていただくことができました。指導要領の改訂に伴い，この「まるごと授業　国語」を新たに作り直すことになりました。もちろん，好評であった前版のメインの方針は残しつつ，改善できる部分はできる限りの手を加えています。

　前回同様，執筆メンバーと編集担当で何度も打ち合わせをくり返し，方針についての確認や改善部分についての共通理解を図りました。また，それぞれの原稿についても，お互い読み合い，検討したことも同じです。

　新版では，授業展開の中のイラストの位置をより分かりやすい部分に変えたり，「主体的・対話的で深い学び」についての解説文をつけたりといった変更を行っています。

　その結果，前版以上に，分かりやすく，日々の実践に役立つ本になったと思います。

　この本が，過酷な教育現場に向かい合っている方々の実践に生かされることを心から願ってやみません。

本書の特色

全ての単元・全ての授業の指導の流れが分かる

　学習する全単元・全授業の進め方が掲載されています。学級での日々の授業や参観日の授業，研究授業や指導計画作成等の参考にしていただけます。

　本書の各単元の授業案の時数は，ほぼ教科書の配当時数にしてあります。

主体的・対話的な学びを深める授業ができる

　各単元のはじめのページや，各授業案のページに，『主体的・対話的な深い学び』の欄を設けています。また，展開例の4コマの小見出しに，「読む」「音読する」「書く」「対話する」「発表する」「交流する」「振り返る」等を掲載し，児童の活動内容が一目で具体的に分かるように工夫しています。

1時間の展開例や板書例を見開き2ページで説明

　どのような発問や指示をすればよいか具体例が掲載されています。先生方の発問や指示の参考にして下さい。

　実際の板書をイメージしやすいように，2色刷りで見やすく工夫しています。また，板書例だけでは細かい指導の流れが分かりにくいので，詳しく展開例を掲載しています。

DVDに 菊池省三 授業実践の特別映像を収録

　菊池省三の「対話・話し合いのある授業」についての解説付き授業映像を収録しています。映像による解説は分かりやすく，日々の授業実践のヒントにしていただけます。また，特別映像に寄せて，解説文を巻頭ページに掲載しています。

DVD利用で，楽しい授業，きれいな板書づくりができる

　授業で活用できる黒板掲示用イラストや児童用ワークシート見本を，単元内容に応じて収録しています。カードやイラストは黒板上での操作がしやすく，楽しい授業，きれいな板書づくりに役立ちます。

6年下（目次）

本書の使い方

◆板書例について

　時間ごとに，教材名，本時のめあてを掲載しました。実際の板書に近づけるよう，特に目立たせたいところは，赤字で示したり，赤のアンダーラインを引いたりしています。DVDに収録されているカード等を利用すると，手軽に，きれいな板書ができあがります。

◆授業の展開について

① 1時間の授業の中身を3コマ〜4コマの場面に切り分け，およその授業内容を表示しています。

②展開例の小見出しで，「読む」「書く」「対話する」「発表する」「振り返る」等，具体的な児童の活動内容を表しています。

③本文中の「　」表示は，教師の発問です。

④本文中の　・　表示は，教師の発問に対する児童の反応等です。

⑤「　」や　・　がない文は，教師への指示や留意点などが書かれています。

⑥□□□の中に，教師や児童の顔イラスト，吹き出し，授業風景イラスト等を使って，授業の進め方をイメージしやすいように工夫しています。

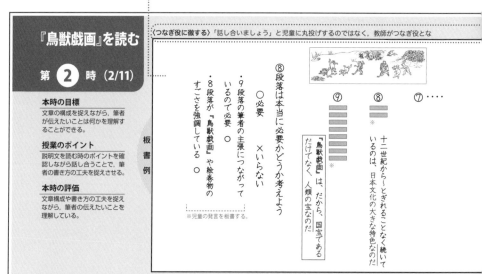

『鳥獣戯画』を読む

第 **2** 時 (2/11)

本時の目標
文章の構成を捉えながら，筆者が伝えたいことは何かを理解することができる。

授業のポイント
説明文を読む時のポイントを確認しながら話し合うことで，筆者の書き方の工夫を捉えさせる。

本時の評価
文章構成や書き方の工夫を捉えながら，筆者の伝えたいことを理解している。

板書例

〈つなぎ役に徹する〉「話し合いましょう」と児童に丸投げするのではなく，教師がつなぎ役とな

⑧段落は本当に必要かどうか考えよう
　○必要　　×いらない
・9段落の筆者の主張につながっているので必要　○
・8段落が『鳥獣戯画』や絵巻物のすごさを強調している　○

※児童の発言を板書する。

『鳥獣戯画』は，だから，国宝である
だけでなく，人類の宝なのだ

十二世紀から―とぎれることなく続いているのは，日本文化の大きな特色なのだ

⑨　　⑧　　⑦‥‥

1 めあて つかむ 筆者がこの作品でいちばん伝えたいことを読み取ろう。

段落に番号を振り，9段落あることを確認する。

「筆者の主張は，『初め・中・終わり』のどこに書かれていることが多かったかな。」
　・「初め」や「終わり」が多かったよね。
　・「初め」と「終わり」の両方に書かれていることもあるよね。

筆者がいちばん言いたいことが書かれた段落はどこかな。

8段落か9段落のどっちか迷うな。

「初め」には書かれていないと思うな。

選んだ段落に名札を貼りに黒板まで行かせる。
「それでは，筆者の主張が書かれた段落に注意しながら音読をしましょう。」

2 考える 話し合う その段落を選んだ理由を考え，同じ立場同士で話し合おう。

ノートにその段落を選んだ理由を書かせる。その後，同じ段落を選んだ者同士で話し合いをさせる。

「どうして同じ立場の友達と話し合うのですか。」
　・新たな考えを増やすためです。
　・話し合って意見を強くするためです。
　　同じ立場同士で話し合う目的を確認する。

「それでは，同じ立場で集まって話し合いましょう。」

9段落の「人類の宝なのだ」が筆者の主張じゃないかな。

「〜なのだ」と文末を強調しているよね。

教師もそれぞれの立場の話し合いの輪の中に入り，児童の考えを引き出したり，整理したりする。

52

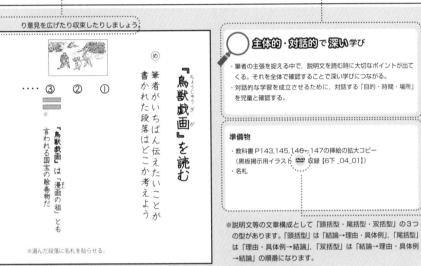

◆スキルアップ一行文について

時間ごとに，授業準備や授業を進めるときのちょっとしたコツを掲載しています。

◆「主体的・対話的で深い学び」欄について

この授業で，「主体的・対話的で深い学び」として考えられる活動内容や留意点について掲載しています。

り意見を広げたり収束したりしましょう。

『鳥獣戯画（ちょうじゅうぎが）』を読む

め　筆者がいちばん伝えたいことが書かれた段落はどこか考えよう

① ② ③ ....

※『鳥獣戯画』は「漫画の祖」とも言われる国宝の絵巻物だ

※選んだ段落に名札を貼らせる。

主体的・対話的で深い学び

・筆者の主張を捉える中で，説明文を読む時に大切なポイントが出てくる。それを全体で確認することで深い学びにつながる。
・対話的な学習を成立させるために，対話する「目的・時間・場所」を児童と確認する。

準備物

・教科書 P143,145,146～147の挿絵の拡大コピー（黒板掲示用イラスト DVD 収録【6下_04_01】）
・名札

※説明文等の文章構成として「頭括型・尾括型・双括型」の3つの型があります。「頭括型」は「結論→理由・具体例」，「尾括型」は「理由・具体例→結論」，「双括型」は「結論→理由・具体例→結論」の順番になります。

3 話し合う　筆者の主張が書かれた段落はどこか話し合おう。

「段落ごとに意見を発表しましょう。」
・８段落は，「日本文化の大きな特色なのだ」と文末が強調されています。
・９段落は，「国宝であるだけでなく，人類の宝なのだ」と『鳥獣戯画』の大切さが書かれています。
・８と９どちらも，筆者の主張のような気がするな…。

各段落の意見が出された後，反対意見を言わせる。

反対意見はありませんか。
３段落は，絵巻物の一部の絵の説明だから違うと思います。
８段落は『鳥獣戯画』ではなく，日本文化についての主張だと思います。

話し合っても意見がまとまらないときには，それぞれの考えを踏まえて教師から説明をする。
頭括型，尾括型，双括型の構成についても説明をする。

4 深める　８段落は本当に必要なのかを話し合おう。

９段落に筆者の主張が書かれていることを確認した後，８段落のもつ役割や意味を考える。

８段落は，別になくてもいいでしょうか。
９段落の筆者の主張につながっているから必要です。
８段落が『鳥獣戯画』や絵巻物のすごさを強調しています。

「筆者は最後の主張を伝えるために，文章構成にも様々な工夫をしているのですね。」
・もう一度初めから読み直してみたいな。
・他にも，たくさんの工夫があるんじゃないかな。もっと筆者の書き方の工夫を見つけてみたいな。

授業の最後に，次の時間からは筆者の書き方の工夫をさらに見つけていくことを伝える。

『鳥獣戯画』を読む／日本文化を発信しよう　53

◆準備物について

1時間の授業で使用する準備物が書かれています。準備物の一部は，DVD の中に収録されています。準備物の数や量は，児童の人数やグループ数などでも異なってきますので，確認して準備してください。

◆本書付録 DVD について

（DVD の取り扱いについては，本書 P8，9に掲載しています）

DVD マークが付いている資料は，付録 DVD にデータ収録しています。授業のためのワークシート見本，黒板掲示用イラスト，板書作りに役立つカード，画像等があります。

◆赤のアンダーラインについて

本時の展開でとくに大切な発問や留意点にアンダーラインを引いています。

付録 DVD−ROMについて

DVD の利用で，楽しい授業・わかる授業ができます。きれいな板書づくりや授業準備に，とても役立ちます。

◆DVD−ROMの内容について

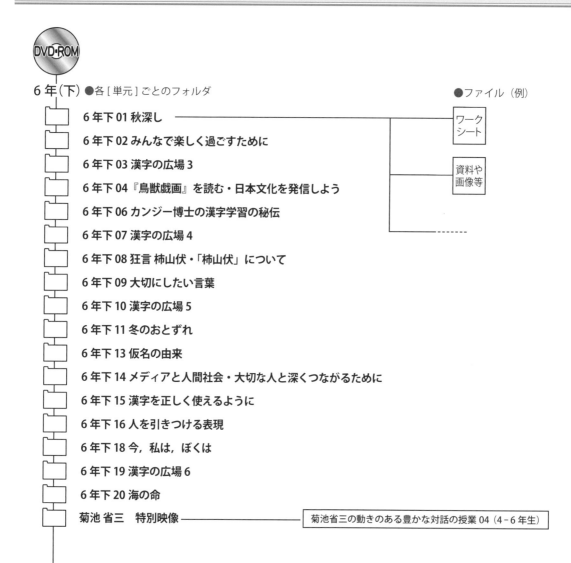

DVD·ROM

6年(下) ●各 [単元] ごとのフォルダ　　　　　　　　　　　　　　●ファイル（例）

6年下 01 秋深し ――――――――――――――――――――― ワークシート

6年下 02 みんなで楽しく過ごすために

6年下 03 漢字の広場 3

6年下 04 『鳥獣戯画』を読む・日本文化を発信しよう ―――― 資料や画像等

6年下 06 カンジー博士の漢字学習の秘伝

6年下 07 漢字の広場 4

6年下 08 狂言 柿山伏・「柿山伏」について

6年下 09 大切にしたい言葉

6年下 10 漢字の広場 5

6年下 11 冬のおとずれ

6年下 13 仮名の由来

6年下 14 メディアと人間社会・大切な人と深くつながるために

6年下 15 漢字を正しく使えるように

6年下 16 人を引きつける表現

6年下 18 今，私は，ぼくは

6年下 19 漢字の広場 6

6年下 20 海の命

菊池 省三　特別映像 ――――――― 菊池省三の動きのある豊かな対話の授業 04（4 - 6 生）

◆使用上のご注意

このＤＶＤ－ＲＯＭはパソコン専用となっております。DVD プレイヤーでの再生はできません。
ＤＶＤプレイヤーで再生した場合，DVD プレイヤー及び，ＤＶＤ－ＲＯＭが破損するおそれがあります。
※ OS 以外に，ファイルを再生できるアプリケーションが必要となります。
　　PDF ファイルは Adobe Acrobat および Adobe Reader5.0 以降で開くことができます。

【その他】
このＤＶＤ－ＲＯＭに収録されている動画の中で，各単元フォルダ内の動画には，音声は含まれておりません。
プロジェクターや TV モニターで投影する場合は，各機器および使用しているパソコンの説明書を参照してください。

◆動作環境　Windows

【CPU】	Intel®Celeron®M プロセッサ 360J1.40GHz 以上推奨
【空メモリ】	256MB 以上（512MB 以上推奨）
【ディスプレイ】	解像度 640 × 480，256 色以上の表示が可能なこと
【OS】	Microsoft windows XP 以上
【ドライブ】	ＤＶＤ－ＲＯＭドライブ

上記のハードウエア，OS，ソフト名などは，各メーカーの商標，または
登録商標です。

※ファイルや画像を開く際に時間がかかる原因の多くは，コンピュータ
　のメモリ不足が考えられます。
　詳しくは，お使いのコンピュータの取扱説明書をご覧ください。

◆複製，転載，再販売について

　本書およびＤＶＤ－ＲＯＭ収録データは著作権法によって守られています。
　個人で使用する以外は無断で複製することは禁じられています。
　第三者に譲渡・販売・頒布 (インターネット等を通じた提供も含む)
することや，貸与及び再使用することなど，営利目的に使用することは
できません。
　本書付属ＤＶＤ－ＲＯＭのご使用により生じた損害，障害，被害，
その他いかなる事態について著者及び弊社は一切の責任を負いません。
　ご不明な場合は小社までお問い合わせください。

◆お問い合わせについて

　本書付録ＤＶＤ－ＲＯＭ内のプログラムについてのお問い合わせは，
メール，FAX でのみ受け付けております。
メール：kirakuken@yahoo.co.jp
ＦＡＸ：075-213-7706
　紛失・破損されたＤＶＤ－ＲＯＭや電話でのサポートは行っており
ませんので何卒ご了承ください。
　アプリケーションソフトの操作方法については各ソフトウェアの販売
元にお問い合せください。小社ではお応えいたしかねます。

【発行元】
株式会社喜楽研（わかる喜び学ぶ楽しさを創造する教育研究所：略称）
〒 604-0827 京都市中京区高倉通二条下ル瓦町 543-1　　TEL：075-213-7701　FAX：075-213-7706

対話・話し合いのある授業に，一歩踏み出そう

菊池　省三

　教育の世界は，「多忙」「ブラック」と言われています。不祥事も後を絶ちません。

　しかし，多くの先生方は，子どもたちと毎日向き合い，その中で輝いています。やりがいや生きがいを感じながら，がんばっています。

　このことは，全国の学校を訪問して，私が強く感じていることです。

　先日，関西のある中学校に行きました。明るい笑顔あふれる素敵な学校でした。

　3年生と授業をした後に，「気持ちのいい中学生ですね。いい学校ですね」

　と話した私に，校長先生は，

　「私は，子どもたちに支えられています。子どもたちから元気をもらっているのです。我々教師は，子どもたちと支え合っている，そんな感じでしょうか」

　と話されました。なるほどと思いました。

　四国のある小学校で，授業参観後に，

　「とてもいい学級でしたね。どうして，あんないい学級が育つのだろうか」

　ということが，参観された先生方の話題になりました。担任の先生は，

　「あの子たち，とてもかわいいんです。かわいくて仕方ないんです」

　と，幸せそうな笑顔で何度も何度も話されていました。

　教師は，子どもたちと一緒に生きているのです。担任した1年間は，少なくとも教室で一緒に生きているのです。

　このことは，とても尊いことだと思います。「お互いに人として，共に生きている」……こう思えることが，教師としての生きがいであり，最高の喜びだと思います。

　私自身の体験です。数年前の出来事です。30年近く前に担任した教え子から，素敵なプレゼントをもらいました。ライターになっている彼から，「恩師」である私の本を書いてもらったのです。たった1年間しか担任していない彼からの，思いがけないプレゼントでした。

　教師という仕事は，仮にどんなに辛いことがあっても，最後には「幸せ」が待っているものだと実感しています。

　私は，「対話・話し合い」の指導を重視し，大切にしてきました。

　ここでは，その中から6つの取り組みについて説明します。

1. 価値語の指導

　荒れた学校に勤務していた20数年前のことです。私の教室に参観者が増え始めたころです。ある先生が，

　「菊池先生のよく使う言葉をまとめてみました。菊池語録です」

　と，私が子どもたちによく話す言葉の一覧を見せてくれました。

　子どもたちを言葉で正す，ということを意識せざるを得なかった私は，どちらかといえば父性的な言葉を使っていました。

・私，します。

・やる気のある人だけでします。

・心の芯をビシッとしなさい。

・何のために小学生をしているのですか。

・さぼる人の2倍働くのです。

・恥ずかしいと言って何もしない。

　それを恥ずかしいというんです。

といった言葉です。

　このような言葉を，私だけではなく子どもたちも使うようになりました。

　価値語の誕生です。

　全国の学校，学級を訪れると，価値語に出合うことが多くなりました。その学校，学級独自の価値語も増えています。子どもたちの素敵な姿の写真とともに，価値語が書かれている「価値語モデルのシャワー」も一般的になりつつあります。

　言葉が生まれ育つ教室が，全国に広がっているのです。

　教師になったころに出合った言葉があります。大村はま先生の「ことばが育つとこころが育つ　人が育つ　教育そのものである」というお言葉です。忘れてはいけない言葉です。

　「言葉で人間を育てる」という菊池実践の根幹にあたる指導が，この価値語の指導です。

2. スピーチ指導

　私は，スピーチ指導からコミュニケーション教育に入りました。自己紹介もできない6年生に出会ったことがきっかけです。

　お師匠さんでもある桑田泰助先生から，

　「スピーチができない子どもたちと出会ったんだから，1年かけてスピーチができる子どもに育てなさい。走って痛くなった足は，走ってでしか治せない。挑戦しなさい」

　という言葉をいただいたことを，30年近くたった今でも思い出します。

　私が，スピーチという言葉を平仮名と漢字で表すとしたら，

　『人前で，ひとまとまりの話を，筋道を立てて話すこと』

　とします。

　そして，スピーチ力を次のような公式で表しています。

　『スピーチ力＝（内容＋声＋表情・態度）×思いやり』

　このように考えると，スピーチ力は，やり方を一度教えたからすぐに伸びるという単純なものではないと言えます。たくさんの
要素が複雑に入っているのです。ですから，意図的計画的な指導が求められるのです。そもそも，コミュニケーションの力は，経験しないと伸びない力ですからなおさらです。

　私が，スピーチ指導で大切にしていることは，「失敗感を与えない」ということです。学年が上がるにつれて，表現したがらない子どもが増えるのは，過去に「失敗」した経験があるからです。ですから，

　「ちょうどよい声で聞きやすかったですよ。安心して聞ける声ですね」

　「話すときの表情が柔らかくて素敵でした。聞き手に優しいですね」

　などと，内容面ばかりの評価ではなく，非言語の部分にも目を向け，プラスの評価を繰り返すことが重要です。適切な指導を継続すれば必ず伸びます。

3. コミュニケーションゲーム

　私が教職に就いた昭和50年代は，コミュニケーションという言葉は，教育界の中ではほとんど聞くことがありませんでした。「話し言葉教育」とか「独話指導」といったものでした。

　平成になり，「音声言語指導」と呼ばれるようになりましたが，その多くの実践は音読や朗読の指導でした。

　そのような時代から，私はコミュニケーションの指導に力を入れようとしていました。しかし，そのための教材や先行実践はあまりありませんでした。私は，多くの書店を回り，「会議の仕方」「スピーチ事例集」といった一般ビジネス書を買いあさりました。指導のポイントを探すためです。

　しかし，教室で実践しましたが，大人向けのそれらをストレートに指導しても，小学生には上手くいきませんでした。楽しい活動を行いながら，その中で子どもたち自らが気づき発見していくことが指導のポイントだと気がついていきました。子どもたちが喜ぶように，活動をゲーム化させる中で，コミュニケーションの力は育っていくことに気づいたのです。

　例えば，対決型の音声言語コミュニケーションでは，
・問答ゲーム（根拠を整理して話す）
・友だち紹介質問ゲーム（質問への抵抗感をなくす）
・でもでもボクシング（反対意見のポイントを知る）

　といった，対話の基本となるゲームです。朝の会や帰りの会，ちょっとした隙間時間に行いました。コミュニケーション量が，「圧倒的」に増えました。

　ゆるやかな勝ち負けのあるコミュニケーションゲームを，子どもたちは大変喜びます。教室の雰囲気がガラリと変わり，笑顔があふれます。

4. ほめ言葉のシャワー

　菊池実践の代名詞ともいわれている実践です。
30年近く前から行っている実践です。

　2012年にNHK「プロフェッショナル仕事の流儀」
で取り上げていただいたことをきっかけに，全国の
多くの教室で行われているようです。

「本年度は，全校で取り組んでいます」

「教室の雰囲気が温かいものに変わりました」

「取り組み始めて5年が過ぎました」

といった，うれしい言葉も多く耳にします。

　また，実際に訪れた教室で，ほめ言葉のシャワーを見せていただく機会もたくさんあります。
どの教室も笑顔があふれていて，参観させていただく私も幸せな気持ちになります。

　最近では，「ほめ言葉のシャワーのレベルアップ」の授業をお願いされることが増えました。

　下の写真がその授業の板書です。内容面，声の面，表情や態度面のポイントを子どもたちと
考え出し合って，挑戦したい項目を自分で決め，子どもたち自らがレベルを上げていくという
授業です。

　どんな指導も同じですが，ほめ言葉のシャワーも子どもたちのいいところを取り上げ，なぜ
いいのかを価値づけて，子どもたちと一緒にそれらを喜び合うことが大切です。

　どの子も主人公になれ，自信と安心感が広がり，絆の強い学級を生み出すほめ言葉のシャワー
が，もっと多くの教室で行われることを願っています。

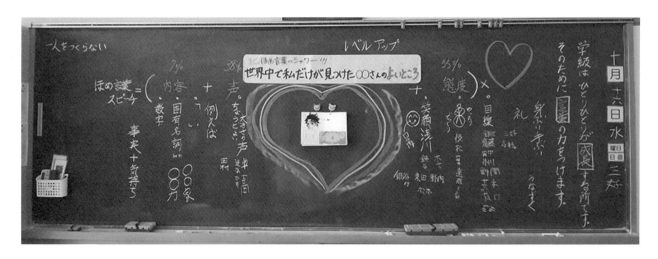

5. 対話のある授業

　菊池実践の授業の主流は，対話のある授業です。具体的には，
・自由な立ち歩きのある少人数の話し合いが行われ
・黒板が子どもたちにも開放され
・教師が子どもたちの視界から消えていく
　授業です。教師主導の一斉指導と対極にある，子ども主体の授業です。
　私は，対話の態度目標を次の3つだと考えています。
① しゃべる
② 質問する
③ 説明する
　それぞれの技術指導は当然ですが，私が重視しているのは，学級づくり的な視点です。以下のような価値語を示しながら指導します。

例えば，

・自分から立ち歩く
・一人をつくらない
・男子女子関係なく
・質問は思いやり
・笑顔でキャッチボール
・人と論を区別する
　などです。

　対話のある授業は，学級づくりと同時進行で行うべきだと考えているからです。技術指導だけでは，豊かな対話は生まれません。形式的で冷たい活動で終わってしまうのです。

　学級づくりの視点を取り入れることで，子どもたちの対話の質は飛躍的に高まります。話す言葉や声，表情，態度が，相手を思いやったものになっていきます。聞き手も温かい態度で受け止めることが「普通」になってきます。教室全体も学び合う雰囲気になってきます。学び合う教室になるのです。

　正解だけを求める授業ではなく，新たな気づきや発見を大事にする対話のある授業は，学級づくりと連動して創り上げることが大切です。

6. ディベート指導

私の学級の話し合いは，ディベート的でした。

私は，スピーチ指導から子どもたちの実態に合わせて，ディベート指導に軸を移してきました。その理由は，ディベートには安定したルールがあり，それを経験させることで，対話や話し合いに必要な態度や技術の指導がしやすいからです。

私は，在職中，年に2回ディベート指導を計画的に行っていました。

1回目は，ディベートを体験することに重きを置いていました。1つ1つのルールの価値を，学級づくりの視点とからめて指導しました。

例えば，「根拠のない発言は暴言であり，丁寧な根拠を作ることで主張にしなさい」「相手の意見を聞かなければ，確かな反論はできません。傾聴することが大事です」「ディベートは，意見をつぶし合うのではなく，質問や反論をし合うことで，お互いの意見を成長させ合うのです。思いやりのゲームです」といったことです。これらは，全て学級づくりでもあります。

2回目のディベートでは，対話の基礎である「話す」「質問する」「説明する（反論し合う）」ということの，技術的な指導を中心に行いました。

例えば，「根拠を丁寧に作ります。三角ロジックを意識します」「連続質問ができるように。論理はエンドレスです」「反論は，きちんと相手の意見を引用します。根拠を丁寧に述べます」といった指導を，具体的な議論をふまえて行います。

このような指導を行うことで，噛み合った議論の仕方や，その楽しさを子どもたちは知ります。そして，「意見はどこかにあるのではなく，自分（たち）で作るもの」「よりよい意見は，議論を通して生み出すことができる」ということも理解していきます。知識を覚えることが中心だった今までの学びとは，180度違うこれからの時代に必要な学びを体験することになります。個と集団が育ち，学びの「社会化」が促されます。

ディベートの持つ教育観は，これからの時代を生きる子どもたちにとって，とても重要だと考えています。

【4年生の授業】

　4年生は，一人一人の違いを出し合い認め合う場面が中心の授業です。

　そもそも教室にはいろんな子どもがいます。一人一人違います。ということは，教室はその一人一人の違いをお互いが出し合って，それらを認め合うところであるべきです。そして，みんなで高まっていく，成長し合っていく，そういうところであるべきです。教室は，そのような場であると私は思っています。

　本DVDでは，授業の最後に振り返りをさせることによって，教室にはいろんな友達が集まっているということの意味や価値を子どもたちにも理解させようとしています。

　対話・話し合いの場面では，自由な立ち歩きのある交流活動を取り入れ，「ひとりひとりちがっていい」ということを確認した上で，

・1人をつくらない。
・男子・女子，関係なく行う。
・笑顔で楽しむ。

　このようなポイントを押さえ，一人一人が違うからこそ，さまざまなアイデアが生まれるということを体験させ，そういった学び合いのよさを子どもたちに伝えようとしています。

　授業の最後には，「2分の1成人式」を迎える子どもたちに，「今の自分，これからの自分，いろんな人がいるからこそお互いが成長し合うことができる」といったことの意味を考えさせています。

　このような価値ある学びを生み出す鍵となるのが，コミュニケーションであり，対話・話し合いであると思います。授業をとおして，「意味ある対話・話し合いを教室の中に広げてほしい」といった思いを子どもたちに伝えています。

　自分たちの生活を豊かなものにするために，対話・話し合いを大切にしようとする子どもを育てたいものです。

　5年生は，「学級マスコットづくり」という活動を通して，共同的な学びを笑顔で楽しんでいる授業です。

　この授業は，「グループ→全体」という展開で進めています。

　最初のマスコット作りは，グループです。

　まず，各自が自分の好きな目をA3用紙にそれぞれが描いて，時計回りにその紙をグループ内で回していき，鼻，口と順々に，回ってきたマスコットの原型にそれらの体の部位を描いていくといった学習の流れになります。

　嫌でも，前の友達の作品を受けて，自分の絵を描いていくわけですから，そこには自然と笑顔があふれ，楽しい会話も生まれ，温かい共同的な学びが成立し始めます。予想外の展開を子どもたちは楽しみます。

　その後，各班で一つ代表作品を話し合って選ばせます。そして，その作品の名前をみんなで話し合いを通して考えさせます。つまり，少人数の話し合いを二回仕組んでいます。楽しさの中にも対話のある学びを成立させています。

　次は，各グループの全体での発表です。各グループの代表者が，全体の前で選んだマスコットを発表するのです。

　このような楽しい活動を伴った学びであっても，全体の場では自分を表現することが苦手な子どももいます。そこで，「私，します」といった価値語を子どもたちに植林します。自分から取り組む，自分たちで取り組む，そういった主体的な学びを大切にしているからです。

　対話・話し合いは，自然発生的にはなかなか生まれません。教師の意図的な仕掛けによって，子どもたちは自ら対話・話し合いに向かっていくのです。このような指導を行うことも，教師の大切な役割だと思っています。これからの授業では，教師はファシリテーターとしての役割が求められているのです。

【6年生の授業】

　6年生は，ディベート的な対立のある対話・話し合いの授業です。

　授業は，文学作品の読解です。『主人公のクルルの気持ちが，がらりと変わったところはどこか』という問いで，対話・話し合いを行っています。主人公の気持ちが変わったクライマックスの場面を子どもたちに考えさせている授業です。

　この教師からの問いで，子どもたちの考えは分裂します。だから，対話・話し合いがそこで生まれます。友達と意見が違うということで，お互いの考えをきちんと理解し合う必要が出てきます。そのままでは，意見が噛み合わず，対話・話し合いが成立しないからです。そこで，子どもたちの中に質問という活動が生まれます。そして，お互いの考えが分かったら，次は反論という授業展開になります。

　このような，自分の立場を決め，相手の意見を理解し，違いを反論し合う（説明し合う）という活動を行うことによって，お互いが理解を深めていく学びが成立すると考えています。この授業では，そういった学習の展開をめざしました。

　本DVDのような授業を繰り返すことによって，「違いを恐れることなく意見の違いを出し合い，そしてお互いが納得し合う」といった深い学び合いに，子どもたちは自ら近づいていこうとします。

　対話・話し合いの面白さや楽しさは，このようなお互いの対立する意見を戦わせるところにあると思います。相手の意見を否定するのではなく，相手の考えのよさを知り，一緒に深め合っていく学びです。

　今，主体的・対話的で深い学びということがさかんに言われています。新たな気づきや発見を求めていくこのような授業が，今後ますます大切になっていくのではないかと思っています。

まるごと授業
国語 **6**年(下)

季節の言葉

秋深し

◉ 指導目標 ◉

・語句と語句との関係について理解し、語彙を豊かにするとともに、語感や言葉の使い方に対する感覚を意識して、語や語句を使うことができる。
・目的や意図に応じて、感じたことや考えたことなどから書くことを選び、伝えたいことを明確にすることができる。

◉ 指導にあたって ◉

① 教材について

　日本の四季を豊かに表現する「二十四節気」の秋の6つの言葉と、秋を詠んだ俳句や短歌を紹介する教材です。児童が知っている「秋分」といった言葉の他にも、様々な言葉と出会うことができます。また、この教材を使って、秋を表現する俳句や短歌を書きます。そこから、昔の人々の季節を大切にしてきた思いを感じるとともに、わたしたちの感じる秋を表現しようとするきっかけとなる教材です。

② 主体的・対話的で深い学びのために

　第1時は、秋の俳句を作る上でのイメージ作りや材料集めの時間です。イメージマップから見つけた言葉を基に、秋のよさを見つけていきます。紹介されている俳句や短歌3つを味わい、その感想を近くの人と伝え合います。友達と対話をすることで、新たな気づきや発見が生まれることが期待できます。

　第2時では、秋の俳句や短歌を書きます。秋の題材となる言葉（季語）を見つけ、オリジナルの作品を作っていきます。その後、鑑賞と相互評価を行います。交流することで、自分では気づくことができなかった作品のよさや工夫を見つけることができるでしょう。

知識 及び 技能	語句と語句との関係について理解し，語彙を豊かにするとともに，語感や言葉の使い方に対する感覚を意識して，語や語句を使っている。
思考力，判断力，表現力等	「書くこと」において，目的や意図に応じて，感じたことや考えたことなどから書くことを選び，伝えたいことを明確にしている。
主体的に学習に取り組む態度	積極的に季節を表す語彙を豊かにし，表現の意図に応じて言葉を吟味しながら俳句や短歌を作ろうとしている。

◉ 学 習 指 導 計 画 　 全 2 時 間 ◉

次	時	学習活動	指導上の留意点
1	1	・「秋」を感じる言葉を出し合う。 ・二十四節気の「秋」を示す言葉の意味を，解説を読んで確かめる。 ・教科書の短歌や俳句を声に出して読み，大体の意味を捉える。	・「秋」という言葉から連想する言葉をイメージマップでまとめる。 ・紹介されている俳句，短歌のそれぞれの解説を用意しておく。
	2	・「秋」をテーマに俳句や短歌を作る。 ・俳句や短歌の決まりを確認する。 ・自分の地域で見つけた「秋」が表れるような言葉を選んで作る。 ・創作した俳句や短歌を交流し，学習を振り返る。 ・「秋」を感じる表現の仕方に着目して，助言や感想を伝え合う。	・俳句と短歌の形式や決まりを確認した上で，自分の地域や身近なところの「秋」を表現する俳句や短歌を作らせる。 ・友達とアドバイスし合って書くことも認める。 ・作成したものをグループで交流させる。

📀 収録（画像，資料）※本書 P28,29 に掲載しています。

秋深し

第 **1** 時 （1/2）

本時の目標
「秋」という言葉からイメージを膨らませ，秋に関する俳句や短歌を味わい，感想を交流することができる。

授業のポイント
イメージマップを使って，「秋」という言葉からイメージを広げる。また，秋の様子の写真を提示して，イメージしやすくする。

本時の評価
「秋」という言葉からイメージを膨らませ，秋に関する俳句や短歌を味わい，感想を交流している。

〈イメージマップ〉イメージマップを使用して，秋を表す言葉を多く見つけましょう。その中から，

板書例

二十四節気（秋）

立秋（りっしゅう）　八月八日ごろ
処暑（しょしょ）　八月二十三日ごろ
白露（はくろ）　九月八日ごろ
秋分（しゅうぶん）　九月二十三日ごろ
寒露（かんろ）　十月八日ごろ
霜降（そうこう）　十月二十三日ごろ

紅葉

読書

※※

地域の秋を感じるもの

・観光客
・松尾大社（まつお）の紅葉
・山の色の変化
・嵐山（あらしやま）の紅葉

※児童の発言を板書する。

※※クラス全体の意見をまとめながら，「秋」から連想するイメージマップを作る。

---

1 想像する 「秋」という言葉から，イメージを広げよう。

「秋」という言葉から，どんなことをイメージしますか。

「スポーツの秋」ということを最近よく耳にするよ。

「秋」と言えば，「食欲の秋」よね。お母さんがサンマを買ってきたよ。

まず，個人で秋といえばどのようなものをイメージするのかを考える時間を取る。その際，ノートにイメージマップを書かせる。その後，全体でイメージマップに表していく。

「どのような言葉が見つかりましたか。」
・紅葉をライトアップしているニュースを見ました。
・読書の秋です。
・観光シーズンです。京都にはたくさんの人が訪れます。

---

2 読む 二十四節気の意味を捉えよう。

「春，夏のところでも学習したように，日本には，古くから『二十四節気』というものがあります。暦の上で，季節を２４に区切って表す考え方です。そのうち６つが秋を表す言葉です。どのような言葉があるのか，調べてみましょう。」
教科書P130，131を読んで確かめる。

日本には秋を表す言葉がこれだけ豊かにあるのですね。

秋分　立秋

立秋と秋分は，ぼくたちも知っている言葉だね。春の「立春」「春分」と何だか似ているね。

教科書P130，131の解説を読んだり，自分の生活の中で秋を感じたことがあったかなどの感想を交流したりする。

自分が表現したい言葉を選択します。

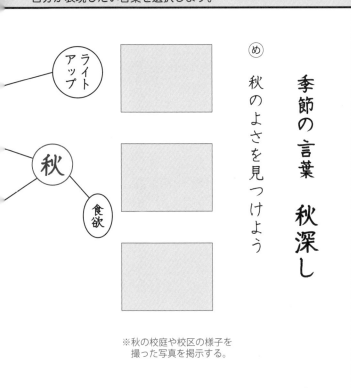

季節の言葉　秋深し

め　秋のよさを見つけよう

※秋の校庭や校区の様子を
撮った写真を掲示する。

主体的・対話的で深い学び

・先人が詠んだ秋を表現する3つの俳句や短歌を読み，味わったことをグループで交流させる。そのような対話的な活動を取り入れ，次時で児童がすすんで俳句・短歌作りができるようにしたい。

準備物

・秋の校庭や校区の様子を撮った写真
・秋の画像 **DVD** 収録【6下_01_01〜6下_01_17】
・資料「二十四節気」**DVD** 収録【6下_01_18】

---

3 味わう　秋を表す俳句や短歌を味わおう。

「秋を表現した俳句や短歌を音読しましょう。」
　　　教科書の3つの俳句や短歌を音読し，どのような景色を想像したか，感想を伝え合わせる。
　　　ノートに自分が気に入った句を視写させ，なぜそれを選んだのか理由も書かせる。
「どの作品が好きか，なぜそう思ったかをグループの人と交流しましょう。」

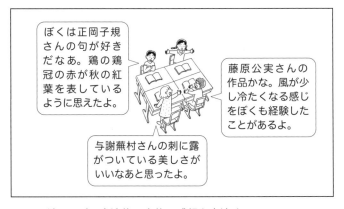

グループで交流後，全体で感想を交流する。

4 交流する　地域の秋を感じるものを出し合おう。

「3人の作者は，自分の住む町の秋を見て，その情景を俳句や短歌で表現しました。わたしたちの住む地域の今の『秋』を感じるものをグループで交流しましょう。」

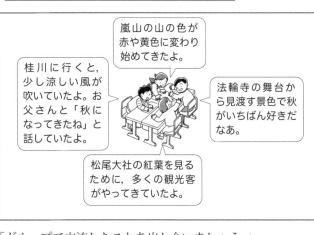

「グループで交流したことを出し合いましょう。」
　・松尾大社の紅葉がとてもきれいです。
　・京都は観光地だから，たくさんの人がやってきます。
　・嵐山の紅葉は地域の自慢です。
　　　児童から出てきた，地域で秋を感じるものを次時にいかす。

秋深し

第 2 時 （2/2）

本時の目標
「秋」を表現した俳句や短歌を作り，表現の工夫に着目して，感想を伝え合うことができる。

授業のポイント
俳句や短歌を作成した後，グループで読み合い，感想を交流させる。工夫している点，よさを感じる点などを伝え合わせる。

本時の評価
「秋」を表現した俳句や短歌を作り，表現の工夫に着目して，感想を伝え合おうとしている。

板書例

俳句（五・七・五…十七音）
短歌（五・七・五・七・七…三十一音）
季語を使う　※二重季語はさける

香り良く　キンモクセイや　帰り道
りんごつむ　祖父の笑顔の　おくり物
すみわたる　しっ黒にうかぶ　三日月よ
サンマ焼く　けむりが空に　泳いでる
コスモスや　胸張りそこに　集いたり
ブドウがり　人集まって　宝探し
運動会　栄かんつかむ　赤か白
赤とんぼ　家に帰ろか　風立ちぬ

※それぞれのグループが代表作品を決めて板書する。

---

1 出し合う 決める　秋の題材探しをしよう。

> これから地域の秋を表現する俳句や短歌を作ります。まずは，秋の題材探しをしましょう。

> キンモクセイやコスモスなどが秋の季語になるよ。

> サンマや紅葉も秋を代表するものだよ。

　秋の季語を児童と一緒に見つけていく。児童から出にくい場合は，歳時記や国語辞典を活用して，どのような季語があるのかを確認する。（ＤＶＤ収録「季語一覧」）
「これから俳句や短歌を作っていくのに，いちばんイメージが広がる季語はどれですか。1つ決めましょう。」
・近所にキンモクセイがきれいに咲くところがあるから，キンモクセイに決めました。
・この間，家族で食べたサンマを季語に選ぶよ。

---

2 書く　秋を表現する俳句や短歌を作ろう。

「俳句と短歌を作るときに注意することは，どのようなことでしたか。」
・俳句は五七五の十七音です。
・短歌は五七五七七の三十一音です。
・二重季語にならないように気をつけます。
「それでは，自分の地域の『秋』を表現する俳句や短歌を作りましょう。」

> 「運動会」はぼくたちにとって最後の運動会になるね。それをうまく表現してみよう。

> キンモクセイの香りを味わいながら帰ることをどうやったら表現できるかな。

　書く時間をなるべく確保する。

よいでしょう。

季節の言葉　秋深し

め 地域の「秋」のよさを表現する
俳句や短歌を作ろう

秋の題材探し

「流れ星」「紅葉」「キンモクセイ」「コスモス」「どんぐり」
「まつぼっくり」「虫の声」「すず虫」「とんぼ」「かき」
「ぶどう」「りんご」「くり」「とうもろこし」「サンマ」
「運動会」「美術展」「台風」「ハロウィーン」

※児童の発言を板書する。

主体的・対話的で深い学び

・展開3で行うグループでの交流で，作品に対する思いを知ることができる。対話を通して，学びを深めることができる。
・友達と交流することで，自分では気づかなかった作品のよさを発見することができる。

準備物

・資料「季語一覧」 DVD 収録【6下_01_19】

3 交流する　それぞれが作った俳句や短歌を紹介し合おう。

「それぞれが作った俳句や短歌をグループで紹介しましょう。」

　最初に，時計回りの順番で作品に対する思いや工夫したところなどをそれぞれが順番に説明する。2巡目は同じグループの友達のよいところや工夫していると感じたことを順番に発言していく。質問やより詳しい説明をしてもよい。

山田さんの作品，すぐに想像できていいですね。キンモクセイのいい香りがよく分かる。

田口さんの作品は，難しい言葉を使っているね。さすがだなあ。

みんな上手だね。どれも真似してみたいと思ったよ。

今本さんは，俳句の達人みたいだね。コツを教えて。

　グループで特に紹介したい作品を1つ決める。
「代表作品が決まったら，黒板に書きましょう。」

4 振り返る　学習を通して考えたことや分かったことを振り返ろう。

　それぞれのグループから代表として出された俳句や短歌を交流し，感想を述べあう時間を確保する。それぞれの思いに対する感想も言えるようにしたい。
「友達が作った俳句や短歌の感想を言いましょう。」

久保さんは，赤とんぼが家に帰るタイミングを風で知るという表現をしているよ。とてもいいです。

松井さんのブドウ狩りを宝探しで表現したところが工夫していると思いました。

「学習を通して，考えたことや分かったことを振り返りましょう。」
　・○○さんの俳句を読んで，俳句の面白さに気づきました。もっと俳句作りをしたいです。

季節の言葉

資料　第1時

二十四節気とは、季節を暦の上で二十四に区切ったものです。

春	立春	りっしゅん	二月四日ごろ
春	雨水	うすい	二月十九日ごろ
春	啓蟄	けいちつ	三月六日ごろ
春	春分	しゅんぶん	三月二十一日ごろ
春	清明	せいめい	四月五日ごろ
春	穀雨	こくう	四月二十日ごろ
夏	立夏	りっか	五月六日ごろ
夏	小満	しょうまん	五月二十一日ごろ
夏	芒種	ぼうしゅ	六月六日ごろ
夏	夏至	げし	六月二十一日ごろ
夏	小暑	しょうしょ	七月七日ごろ
夏	大暑	たいしょ	七月二十三日ごろ
秋	立秋	りっしゅう	八月八日ごろ
秋	処暑	しょしょ	八月二十三日ごろ
秋	白露	はくろ	九月八日ごろ
秋	秋分	しゅうぶん	九月二十三日ごろ
秋	寒露	かんろ	十月八日ごろ
秋	霜降	そうこう	十月二十三日ごろ
冬	立冬	りっとう	十一月七日ごろ
冬	小雪	しょうせつ	十一月二十二日ごろ
冬	大雪	たいせつ	十二月七日ごろ
冬	冬至	とうじ	十二月二十二日ごろ
冬	小寒	しょうかん	一月五日ごろ
冬	大寒	だいかん	一月二十日ごろ

季語一覧

資料　第2時

春

時候・天文など	初春、春分、彼岸、花冷え、ハナ八夜、春暁、朧月夜、春風、春一番、春雨、山笑う、残雪、雪崩、雪解け
生き物	ウグイス、ツバメ、ヒバリ、巣の子、蝶、蛙
植物	梅、椿、桜、木の芽、藤、山吹、すみれ、パンジー、つくし、チューリップ、菜の花、ふきのとう
食べ物	白魚、アサリ、桜鯛、雛あられ、ワカメ、若鮎、白酒、アスパラガス、わさび
行事・生活など	山焼き、茶摘み、潮干狩、遠足、花見、入学、卒業式

夏

時候・天文など	夏めく、白夜、熱帯夜、五月雨、梅雨、炎天、夕焼け、夕立、雷、雷雨、入道雲、スコール、夕凪
生き物	アマガエル、ホトトギス、蛍、カタツムリ、金魚、アブラゼミ、カブトムシ、クラゲ
植物	紫陽花、菖蒲（アヤメ、ショウブ）、新緑、向日葵、牡丹、百合
食べ物	初鰹、苺、新じゃが、新玉ねぎ、ソラマメ、筍、鰹、鮎、鰻、茄子、メロン、かき氷、サイダー、麦茶、冷やし中華、ビール
行事・生活など	こいのぼり、端午、蚊帳、簾、菖子、浴衣、冷蔵庫、夕涼、ラジオ体操、日射病、海水浴、肝試し、登山、土用、暑中見舞、夏休み、幽霊

みんなで楽しく過ごすために
［コラム］伝えにくいことを伝える

◉ 指導目標 ◉

・言葉には，相手とのつながりを作る働きがあることに気づくことができる。
・互いの立場や意図を明確にしながら計画的に話し合い，考えを広げたりまとめたりすることができる。
・情報と情報との関係づけの仕方，図などによる語句と語句との関係の表し方を理解し使うことができる。
・目的や意図に応じて，日常生活の中から話題を決め，集めた材料を分類したり関係づけたりして，伝え合う内容を検討することができる。

◉ 指導にあたって ◉

① 教材について

　本単元では，学校生活の中から議題を決め，その目的や条件に応じてグループの中で計画的に話し合います。

　単元の前半では，話し合う目的や条件を明確にすることで，議論がスムーズに流れることや，意見を作るときに自分の考えを「主張，理由，根拠」の3つから組み立てることの大切さを学ぶことができます。

　単元の後半では，考えを広げる話し合いと考えをまとめる話し合いの2つの話し合いを経験することができます。実際に話し合う中で，それぞれの話し合い方の違いに気づくことができるでしょう。特に，考えをまとめる話し合いは，互いの考えの共通点や差異点に折り合いをつけながら結論へ導くことの難しさを感じることでしょう。ここでの体験を通して得た気づきや課題を，今後の各教科での話し合い活動や，学級会，代表委員会などの話し合いにいかし，繰り返し話し合う経験を積むことが大切です。

② 主体的・対話的で深い学びのために

　「話し合いましょう」と児童に指示を出しても，なかなかうまく話し合うことはできません。なぜなら，話し合いには，「意見を言う」「質問する」「質問に答える」「賛成や反対意見を言う」「折衷案を出す」など，細分化すると様々な要素があるからです。そこで，指導も細分化して行うことが大切です。「質問すること」を例に言えば，質問には「考えを広げる質問」と「限定する質問」などがあることを説明し，短い時間で練習するなどの手立てが必要です。コミュニケーション学習ゲームなどで楽しく練習するとよいでしょう。また，実際の話し合いの場面では，話し合いの進め方や質問の仕方を書いたものを準備したり，児童の話し合いの様子を見て，全体に指導したりすることが大切です。

　このように，話し合いを細分化して楽しくポイントを身につけさせていきましょう。

◉ 評価規準 ◉

知識 及び 技能	・言葉には，相手とのつながりを作る働きがあることに気づいている。 ・情報と情報との関係づけの仕方，図などによる語句と語句との関係の表し方を理解し使っている。
思考力，判断力，表現力等	・「話すこと・聞くこと」において，目的や意図に応じて，日常生活の中から話題を決め，集めた材料を分類したり関係づけたりして，伝え合う内容を検討している。 ・「話すこと・聞くこと」において，互いの立場や意図を明確にしながら計画的に話し合い，考えを広げたりまとめたりしている。
主体的に学習に取り組む態度	言葉を通じて積極的に人と関わり，目的や条件に応じて，よりよい解決に向けて見通しをもって話し合おうとしている。

◉ 学習指導計画　全6時間 ◉

次	時	学習活動	指導上の留意点
1	1	・話し合いの仕方や役割を確認する。 ・議題を確かめ，目的や条件を明確にする。	・活動の目的や条件を考え，全体で共有し，話し合いの見通しをもたせる。
2	2・3	・司会や記録係などの役割を決める。 ・目的や条件に合わせて自分の考えをもつ。	・意見の作り方を理解させ，主張や理由，根拠を明確にした考えをもたせる。
	4	・意見の伝え方について考える。 ・表情や口調に気をつけて練習する。	・意見の伝え方について表情や口調などの点から考えさせる。
3	5	・「なぜ，なぜならゲーム」で理由を掘り下げる質問の仕方を練習する。 ・考えを広げる話し合いをする。	・意見の言い方や質問のポイントを理解して，考えを広げる話し合い方を身につけられるようにする。
	6	・考えをまとめる話し合いをする。 ・話し合った結果や感想を全体で共有し，学習を振り返る。	・考えをまとめる話し合いのポイントを理解して，グループの仮の結論を導けるようにする。

📀 **収録**（児童用ワークシート見本）※本書 P35,39,41「準備物」欄に掲載しています。

みんなで楽しく過ごすために

第 **1** 時 （1/6）

本時の目標
議題を確かめ，話し合う目的や条件を考えることができる。

授業のポイント
話し合う目的や，条件を考えることで，話し合いへの見通しをもてるようにする。

本時の評価
議題を確かめ，話し合う目的や条件を考えようとしている。

〈目的や条件の確認〉話し合う目的や条件を全体で確認することで共通の定義ができ，かみ合った

板書例

議題 「交流週間に，一年生とどんな遊びをしたらよいか」

(1) 目的
・一年生と仲よくなるため
・一年生が楽しめるようにする
・一年生と六年生のつながりを強くする

※児童の発言を板書する。

(2)
「定義」…言葉の意味をはっきりさせること
「条件」…何かをする前に決めておく事がら

「5W1H」を使って質問しよう
・いつ
・どこで
・だれが
・何を
・なぜ
・どのように

① 遊びは，いつするのか？ → 水曜日の五時間目
② 遊ぶ場所はどこか？ → 運動場
③ いくつの遊びができるのか？ → 遊ぶ内容による
④ ボールを使った遊びをしてもいいのか？ → あり
⑤ 一年生は何人いるのか？ → 60人
⑥ 遊びはだれが仕切るのか？ → 六年生で係を決める
⑦ どのような服装で遊ぶのか？ → 体操服

※児童から出された質問と決めた内容を板書する。

---

1 確認する　「話し合い」について，知っていることを確認しよう。

授業開始とともに，「話し合い」と黒板に書く。
「これまでに，どのような話し合いをしたことがありますか？隣の友達と相談しましょう。」

　　ペアで確認した後，ノートに箇条書きさせる。その後，列指名で発表させる。
・学級会で話し合いました。
・代表委員会で学校のことを考えました。
・社会科でディベートをしたことがあります。
　　学級会やディベートをしている写真を提示して，イメージを広げる。

話し合いについて，どんなことを知っていますか？

司会や黒板記録，ノート記録などの役割があります。

賛成や反対意見を言います。

---

2 考える　議題を確認し，話し合う目的は何か考えよう。

議題は学級や学校の実態に合わせて決める。ここでは教科書の議題を例に進めていく。

「今回の議題は，『交流週間に，１年生とどんな遊びをしたらよいか』です。」

　　議題を音読させた後，めあてを提示して目的や条件を決めることを確認する。

１年生と交流週間に遊ぶ目的は何ですか？

１年生に楽しんでもらうことです。

遊びを楽しんで仲よくなることです。

　　ペアで話し合った後，全体で発表する。

話し合いをすることができます。

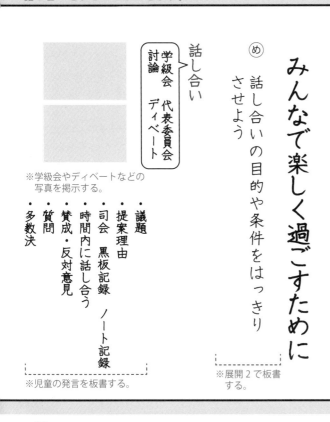

みんなで楽しく過ごすために

め 話し合いの目的や条件をはっきり
させよう

※展開2で板書
する。

話し合い
学級会　代表委員会
討論　　ディベート

※学級会やディベートなどの
写真を掲示する。

・議題
・提案理由
・司会　黒板記録　ノート記録
・時間内に話し合う
・賛成・反対意見
・質問
・多数決

※児童の発言を板書する。

主体的・対話的で深い学び

・話し合いの写真を提示することで，司会や記録係の役割や話し合い
方について，考えをたくさんもてるようにする。
・「5W1H」を活用させることによって，条件を確認する質問をし
やすくする。
・目的や条件をはっきりさせることで，次時以降の話し合いがスムー
ズに進む。

準備物

・話し合いの写真（学級会やディベートなど）
・国語辞典
・ホワイトボード，または画用紙（決めた内容を書くため）

---

3 考える 書く　議題を確認し，話し合う前に
揃えておきたい条件を考えよう。

黒板に「定義」と「条件」の2つの言葉を書く。
「この言葉の意味が分かりますか？」
　国語辞典で意味を調べる。定義や条件を決めておくことで，
かみ合った話し合いができることを説明する。

「この議題で話し合う前に，確認しておきたいことや決めて
おきたいことはありませんか？」
　疑問や決めておきたいことをノートに簡条書きさせる。そ
の際「5W1H」を使うとよいことを伝える。

ペアで，どんなことを聞きた
いかを話し合いましょう。

ボールを
使った遊びも
いいのかな？

1年生と遊ぶ時
間はどれぐらい
あるのかな？それ
によって遊び
も変わるよね。

---

4 確認する まとめ　議題についての疑問や決めておきたい
ことを全体で話し合い，条件を決めよう。

「疑問や決めておきたいことを発表しましょう。」
　ペアの代表者を立たせ，順番にどんどん発言させる。一問
一答はせず，全体で確認したいことは板書する。

遊ぶ時間はどれぐ
らいありますか？

1年生と6年生全
員が楽しく遊べる
ものですか？

遊び場所は
どこですか？

黒板に出された質問を，順番に確認する。内容に応じて，
児童に考えさせたり，教師が決めたりする。決めた内容はホ
ワイトボード，または画用紙に記録する。

「今日みんなで確認した目的や条件に合った話し合いをしま
しょうね。次の時間は，意見を考えましょう。」

みんなで楽しく過ごすために

第2,3時（2,3/6）

本時の目標
話し合いの進め方を確認し，目的や条件に合わせて自分の考えをもつことができる。

授業のポイント
主張や理由，根拠の3つから自分の考えを整理させることで，目的や条件に合った強い意見を考えられるようにする。

本時の評価
話し合いの進め方を確認し，目的や条件に合わせて自分の考えをもっている。

〈強い意見を作る〉　意見の作り方を児童と一緒に考えます。主張は事実や理由づけ，根拠に支え

板書例

◎意見の「見える化」をしよう

意見の「見える化」

「強い意見」を作ろう

```
        主張・結論
    「じゃんけん列車」がしたい

なぜ？              三角ロジック

  根拠（事実）          理由
 幼稚園のとき，       1年生もルールが
 すぐにルールを       分かりやすいから
 理解できた
```

〈話し合いの流れ〉
① 意見発表
② 質問する
③ 賛成，質問や反対意見を言う
④ 共通点や異なる点をまとめる
⑤ 仮の結論を出す

---

1 めあて つかむ
（第2時）
話し合いの流れを確認し，グループの中で司会や記録係などの役割を決めよう。

「前の時間にみんなで決めた，交流週間にする1年生との遊びの目的や条件を確認しましょう。」
　前時に決めた内容をホワイトボードや画用紙にまとめたものを提示し，確認する。

「それでは，話し合いの基本的な流れを説明します。」
　話し合いの流れを黒板に書きながら説明する。

「①意見を発表する，②質問する，③賛成や反対意見を言う」の3つが，話し合いの1つのセットです。

③ 賛成意見，反対意見を言う ← ② 質問する ← ① 意見発表

「グループの中で，司会と記録係をそれぞれ1人ずつ決めましょう。」
　それぞれの役割について具体例を入れながら説明する。

2 考える 知る
「強い意見」を作るには，どうすればよいかを知ろう。

「『じゃんけん列車』がしたい」と黒板に書く。
「今から『強い意見』の作り方について考えます。どうすれば，この意見を強くできるでしょうか。」
　・その遊びをしたい理由があればいいと思います。

「じゃんけん列車は，1年生にとってもルールが分かりやすいから」と主張に対する理由を板書する。
「この理由に納得できるような，具体的な事実や体験はありませんか？」

わたしが幼稚園のときに，この遊びのルールをすぐに覚えられました。

「1年生を迎える会」でもやって盛り上がったね。

「このように『強い意見』を作るためには，理由や根拠をはっきりさせることが大切です。」

られていることを図解して説明しましょう。

（※上部黒板例）

め 目的や条件に合った自分の意見を考えよう

みんなで楽しく過ごすために

議題 「交流週間に、一年生とどんな遊びをしたらよいか」

【目的】
・一年生と仲よくなる
・一年生に楽しんでもらう

【条件】
・時間…水曜日の五時間目
・場所…運動場
・服装…体操服
・ボールは使ってもよい

※前時に決めた内容を書いたホワイトボードや画用紙を貼る。

主体的・対話的で深い学び

・導入部で前の時間に決めた目的や条件を確認することで，授業後半の自分の考えをもつときの手立てになる。
・「強い意見」のように児童目線の言葉をあえて使い，興味をひく。また「これで強い意見と言えるかな。」など揺さぶり，考えたくなるように仕掛ける。

準備物
・前時に決めた内容を書いたホワイトボードや画用紙
・ワークシート「『強い主張』を作ろう」
　（児童用ワークシート見本 DVD 収録【6下_02_01】）
・ワークシート「見える化カード」
　（児童用ワークシート見本
　 DVD 収録【6下_02_02】）

---

3 （第3時）
書く／考える　　活動の目的や条件に合わせて，自分の意見を作ろう。

「それでは，今から自分の『強い意見』を作ります。まずは，どんな遊びがよいかを考えましょう。」
　　ノートに箇条書きして考えを広げる。

「次に，主張を支える理由や根拠を考えましょう。」
　　ワークシートを配る。ノートに書いた中からいくつか意見を選び，それぞれの理由や根拠を書き込む。（多くても3つ程度にするとよい。）

じゃんけん列車

理由は，1年生と6年生が触れ合うことができるから…。

じゃんけん列車をしたときのことを思い出してみよう。

「今日作った意見の中で，自分がいちばんいいと思うものを1つだけ選びましょう。」

4
書く／まとめ　　自分の意見を「見える化」しよう。

黒板に「意見の『見える化』」と書く。
「先ほど決めた自分の意見を，大きな紙に書きます。」
　　書き方のモデルを提示しイメージをもたせる。

意見の「見える化」をするよさは何ですか？

何度も確認することができます。

目と耳から情報が入ってきます。

意見の「見える化」をするよさを確認する。

「それでは，自分の意見を『見える化』しましょう。」
　　マジックなどを使って大きめの字で書かせる。
　　早く書き終わった児童には，話し合いに向けて準備を進めさせる。

みんなで楽しく過ごすために
第 4 時（4/6）

本時の目標
自分の思いや考えを相手に伝えるときに大切なことは何かを自分なりに考えることができる。

授業のポイント
コミュニケーション力の公式を用いることで，自分の思いや考えを伝えるときに大切なことは何かを考えることができるようにする。

本時の評価
自分の思いや考えを相手に伝えるときに大切なことは何かを自分なりに考えている。

板書例

〈コミュニケーション力の公式〉コミュニケーション力でいちばん大切なことは技術ではなく，相

コミュニケーション力 ＝ （　声　＋　内容　＋　態度

声
・聞こえやすい声の大きさ
・はきはきと言う
・明るい声

内容
・分かりやすい言葉
・説明する力
・短文で区切る

※児童の発言を分類しながら板書する。

※「次回の話し合いでいちばん気をつけたいこと」に名札を貼らせる。

◎「伝えにくいこと」を伝えるとき、どんなことに気をつけるか

◎次回の話し合いで気をつけたいことは何か

---

1 考える
自分の思いや考えを相手に伝えるときに大切なことは何か考えよう。

日常生活では，話し合いや友達との会話など，自分の思いや考えを伝える場面が多いことを確認する。
「自分の思いや考えを相手に伝えるときに大切なことは何でしょうか？ノートに３つ以上書きましょう。」

自分の考えを発表させる。
・ハッキリとした声で伝えることが大切です。
・相手に分かりやすく話すことだと思います。
　児童から出される考えを仲間ごとに分類しながら板書する。

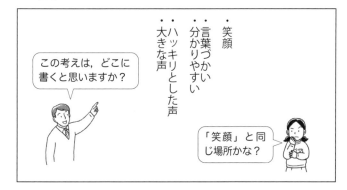

・笑顔
・言葉づかい
・分かりやすい
・ハッキリとした声
・大きな声

この考えは，どこに書くと思いますか？

「笑顔」と同じ場所かな？

いくつか意見が出てから，児童に分類させる。

---

2 考える　知る
コミュニケーション力の公式から大切なことは何かを考えよう。

「自分の思いや考えを相手に伝えるときに大切なことを黒板に仲間ごとに分けました。これらの仲間に名前をつけるとしたら，どんな言葉にしますか。」
　ペアやグループなどで相談し，考えを発表する。

【コミュニケーション力＝（声＋内容＋態度）×相手への思いやり】と黒板に書き，説明を加える。
　※このコミュニケーション力の公式は菊池省三先生の実践(P12 参照)
「この式の（　）の中は足し算，相手への思いやりは，かけ算になっています。（　）の中をいくら頑張っても，相手への思いやりがゼロだとどうなりますか？」
・いくら頑張ってもコミュニケーション力は０です。

コミュニケーション力＝（声＋内容＋態度）×思いやり

（　）の中が上手くいかなくても，相手に伝えようとする思いやりがあればコミュニケーション力は何倍にもなります。人に伝えるときには思いやりを大切にしましょう。

手を思いやる心であることを伝えます。

主体的・対話的で深い学び

・児童から出た発言に対して「どこに書くと思いますか。」と問うことで，児童に分類させる。
・コミュニケーション力の公式でポイントを整理することで，伝えにくいことを伝えるときに気をつければよいことが考えやすくなる。

準備物

・名札

（ ）× 相手への思いやり

態度
・笑顔
・目線を合わせる
・やさしい表情

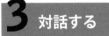

め 自分の思いや考えを相手に伝えるときに大切なことを考えよう

みんなで楽しく過ごすために

---

③ 対話する　相手に伝えにくいことがあるときには，何に気をつければよいのだろう。

　日常生活では伝えにくいことを伝えなければいけないときがあることを確認する。
「伝えにくいことを伝えなければいけないとき，あなたはどんなことに気をつけますか？」
　コミュニケーション力の公式の（ ）の中から１つ選ばせる。ここでは，思いやりは大前提として考える。

　理由をノートに書いた後，話し合いをする。

わたしは，やさしい言い方が大切だと思うから「声」にしたよ。

伝えにくいことも，笑顔でいえば気持ちいいと思うから「態度」にしたよ。

　教科書P139の③をペアで１つ選び，やり取りする。
　先ほど選んだポイントを意識してやり取りさせる。

---

④ 決める　まとめる　次の時間の話し合いでいちばん気をつけたいことは何かを決め，目標をもとう。

　本時の学習を振り返る。
「今日の学習では，コミュニケーション力の公式から自分の思いや考えを相手に伝えるときに大切なことを学びました。いよいよ，次回は話し合いです。」
　次回の話し合いをするときにいちばん気をつけたいことを本時の学びを基に決める。名札を黒板に貼りに行かせる。
「今日の学びを次回にいかしていきましょうね。」

次回の話し合いで，大切にしたいことは何ですか。

笑顔を意識して話し合いたいな。

目的や条件に合った話をしたいな。

みんなで楽しく過ごすために

第 **5** 時 （5/6）

本時の目標

それぞれの意見に対して，質問や賛成・反対意見を出し合い，考えを広げる話し合いができる。

授業のポイント

意見の言い方や，質問の仕方を説明したり，練習したりして，話し合う力の基礎を身につけられるようにする。

本時の評価

それぞれの意見に対して，質問や賛成・反対意見を出し合い，考えを広げる話し合いをしている。

〈質問力〉「質問力＝話し合う力」というぐらいに，質問することは大切な力です。ここでは，質問

板書例

〈シンキングタイム〉（一分）…賛成・反対意見を考える

※①〜③をくり返す

③Aさんの意見に賛成・反対意見を言う（3分）
・記録はポイントを簡単にメモする

┌─────────────────────┐
「なぜ，なぜならゲーム」
質問力＝相手の考えを深く知ること

【お題】いちばん好きな食べ物は何か？
A：『いちばん好きな食べ物は何ですか？』
B：「カレーライスです」
A：『なぜカレーライスが好きなのですか？』
B：「からくておいしいからです」
A：『からくておいしいと，なぜいちばん好きだと言えるのですか？』
B：「わたしは，からいものが大好物だからです。」

※1分間続くように助け合おう！
└─────────────────────┘
※ゲームのモデルを掲示する。

④今日のそれぞれの考えをまとめる
・共通点
・異なる点

---

1 確認する つかむ

話し合う前に目的や条件，話し合いの流れを確認しよう。

本時のめあてを確認し，話し合いの流れを押さえる。
①Aさんの意見発表（1分）→シンキングタイム（1分）
②Aさんへの質問（2分）→シンキングタイム（1分）
③Aさんの意見に賛成・反対意見を出し合う（3分）
残りの3人も①〜③を同様に行う。シンキングタイムは次の質問や意見を考え，準備する時間のこと。

「今日の話し合いで，どんなことに気をつけますか。自分の目標を決めましょう。」
前の時間の伝えるときの注意点や話し合いのポイントを参考に，自分の目標を決めさせる。

2 練習する

「なぜ，なぜならゲーム」で質問の練習をしよう。

「『なぜ，なぜならゲーム』で質問の練習をします。」
ゲームをする目的とやり方を説明する。
〈目的〉理由や根拠を掘り下げる質問の仕方を身につけて，相手の考えをより深く理解するため。
〈ゲームのやり方〉じゃんけんをして順番を決める。
①勝ちが「好きな食べ物は何ですか？」と質問する。
②相手の答えに対して好きな理由を質問する。
③さらに質問を続けて，好きな理由を掘り下げる。
※③を1分間繰り返す。→交代する。
実際に教師がモデルを見せて説明するとよい。

することのよさを話し合いを通じて体感できるようにしましょう。

みんなで楽しく過ごすために

⊙ 考えを広げる話し合いをしよう

め どうすれば、みんなの考えを広げる
話し合いができるのか考えよう

議題 「交流週間に、一年生とどんな遊びをしたらよいか」

【話し合いの流れ】

① Aさんの意見発表 （一分）
・発言するときは、結論や主張を先に言う

〈シンキングタイム〉 （一分） …質問を考える

② Aさんに質問する （二分）
・主張の意図や、理由・根拠（きょ）を質問する

主体的・対話的で深い学び

・グループの4人での話し合いは，特定の児童に意見が集中してしまうことが多い。そこで，今回は「意見発表→質問→賛成・反対意見」を1セットにして，1人ずつ検討するようにした。そうすることで，「議論の流れが分かりやすいこと」，「一人ひとりの意見を拡大していくことができること」などのメリットがある。

準備物

・（黒板掲示用）「なぜ，なぜならゲーム」のモデル
・第3時で作成した「見える化カード」
・ワークシート「記録用紙」
（児童用ワークシート見本 **DVD** 収録【6下_02_03】）

---

3 話し合う　考えを広げる話し合いをしよう。

グループの司会係に進行を任せる。
・（司会）話し合いを始めます。まずは，Aさんの意見発表です。
意見発表のときは，主張（結論）から先に言うことや，意見を書いた紙を見せながら話すことを伝える。
意見発表の後，質問を考える時間を取る。
・（司会）Aさんの意見に2分間，質問をしましょう。始めてください。
質問の後，賛成・反対意見を考える時間を取る。
・（司会）Aさんの意見に賛成・反対意見を出し合いましょう。
簡単に，話し合いの記録を取らせる。

じゃんけん列車に賛成です。確かにルールも分かりやすいからです。

じゃんけん列車には今のままでは反対です。ルールで提案ですが…。

4 まとめる　話し合ったことを確認し，共通点などをまとめよう。

「次に向けて，今日話し合ったことをまとめます。グループの意見の中で共通している点や異なる点，疑問点や課題をまとめましょう。」
記録用紙を見て，考えを箇条書きさせる。次時のまとめる話し合いがスムーズに展開できるように準備する。

本時のめあてに立ち返り，振り返らせる。
「今日は，それぞれの考えを広げる話し合いができましたか。グループで話し合いの振り返りをしましょう。」

反対意見を言ってくれたおかげで自分の考えが広がったよ。ありがとう。

理由を掘り下げる質問をすると，意見がさらに強くなったね。

話し合いの技術面だけではなく，チーム力などの学級づくりの視点も取り上げ，全体に共有させる。

本時の目標

共通点や異なる点，問題点や改善点を基に話し合い，仮の結論を出すことができる。

授業のポイント

座標軸を使って共通のゴールを定めたり，折り合いをつける話し合いの仕方を説明したりして，グループの考えをまとめられるようにする。

本時の評価

共通点や異なる点，問題点や改善点を基に話し合い，仮の結論を出している。

〈座標軸の活用〉座標軸を活用することで，話し合いのゴールが定まります。共通のゴールに向かって

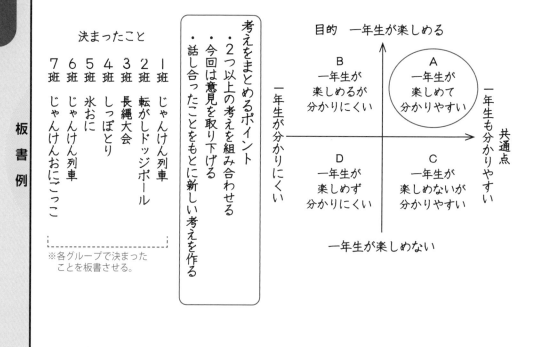

板書例

決まったこと

1班 じゃんけん列車
2班 転がしドッジボール
3班 長縄大会
4班 しっぽとり
5班 氷おに
6班 じゃんけん列車
7班 じゃんけんおにごっこ

※各グループで決まったことを板書させる。

考えをまとめるポイント
・2つ以上の考えを組み合わせる
・今回は意見を取り下げる
・話し合ったことをもとに新しい考えを作る

目的　一年生が楽しめる

B
一年生が
楽しめるが
分かりにくい

A
一年生が
楽しめて
分かりやすい

一年生が分かりにくい

共通点

一年生も分かりやすい

D
一年生が
楽しめず
分かりにくい

C
一年生が
楽しめないが
分かりやすい

一年生が楽しめない

---

1 確認する 話し合う　学習の見通しをもち，共通点や異なる点を話し合おう。

「今回の議題で話し合う目的は何でしたか。」
・1年生が楽しめるようにするためです。
・1年生と仲よくなるためです。
・1年生と6年生のつながりを強くすることです。

本時の学習の進め方を確認し，見通しをもたせる。

「まずは，前回の話し合いを振り返ります。それぞれの意見の共通点や異なる点を話し合いましょう。」

共通点は，1年生が分かりやすい遊びということだね。

違うところは，走る，投げるなど運動をたくさんするかどうかだよね。

全体でグループごとの共通点を発表する。

2 話し合う　話し合うときの指標を確認し，考えをまとめる話し合いをしよう。

座標軸の縦軸に「話し合う目的」，横軸に「共通点」を書く。今回の話し合いの，結論の出し方を確認する。

「この座標軸は，今日の話し合いの着地地点です。Aゾーンの考えになるように，賛成・反対意見や，よりよい考えになるように改善策を出し合いましょう。」

グループごとに考えた座標軸は机の中央に置き，目的をもって話し合えるようにする。

「考えをまとめる話し合いです。座標軸を見て，目的が達成できるように笑顔で話し合いましょう。」

「おにごっこは，走りが苦手な子が嫌な思いをする」という意見が出ました。何かいい解決策はないですか。

「タッチされた子も，じゃんけんに勝てば鬼にならない」というのはどうですか，

6年生はスキップで動けばいいのではないですか？

だんだん，Aゾーンに近づいてきたね。

賛成・反対意見や改善策を出し合うことで互いの考えが洗練されます。

みんなで楽しく過ごすために

め どのように話し合えば、みんなの考えをまとめることができるか考えよう

議題 「交流週間に、一年生とどんな遊びをしたらよいか」

◎ 考えをまとめる話し合いをしよう
① 話し合いの【目的】
・一年生と仲よくなるため
・一年生が楽しめるようにする
・一年生と六年生のつながりを強くする
② グループの【共通点】
・一年生が分かりやすい遊び
・一年生と六年生がいっしょに遊べる
・みんなが安全にできる遊び

※児童の発言を板書する。

※グループごとの共通点を板書する。

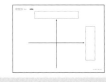

🔍 主体的・対話的で深い学び

・考えを広げる話し合いとは違い，考えをまとめる話し合いは難しい。自分の主張を通したいと思うからである。そこで，座標軸を使って話し合う目的や共通点を「見える化」することで，グループで目指すべきゴールが明確になり，話し合いが焦点化されるだろう。

・意見を柔軟に変えることや，新しい意見を作り出すことの価値を児童に伝える。

準備物

・第5時で作成した「記録用紙」
・ワークシート「座標軸」
（児童用ワークシート見本 📀 収録【6下_02_04】）

---

3 まとめる 発表する

仮の結論を導き，全体で決まったことを確認しよう。

「そろそろ終わりの時間が近づいてきました。ここまでの話し合いを基に，仮の結論を出しましょう。」

考えをまとめる話し合いのポイントを説明する。

・2つ以上の考えを組み合わせる（折衷案）
・今回は意見を取り下げる（妥協案）
・話し合ったことを基に新しい考えを作る（代替案）
・それでも決まらなければ，仮の多数決を採る

この意見を組み合わせるのはどうかな。

みんなの意見を聞いて「1年生みんなが楽しめない」と思ったので，意見を取り下げます。

時間が来たから，とりあえず仮の多数決を採ろうよ。

「グループで決まったことを発表しましょう。」

決まったことを黒板に書かせる。記録係が，グループの話し合いで決まったことを発表する。

時間を意識して話させる。仮の多数決を採るなどしてまとめさせる。

4 振り返る 発表する

考えをまとめる話し合いと，学習全体の振り返りをしよう。

「考えをまとめる話し合いを振り返りましょう。」

考えをまとめる話し合いのポイントを確認し，グループの中で振り返る。その後，全体で発表する。

・折り合いをつけるのって難しいね。
・時間通りに話し合いを仕切ることが大切だと思った。

「この学習全体の感想を書きましょう。」

考えを広げる話し合いと，考えをまとめる話し合いの違いに着目させて感想を書かせる方法もある。

今回の話し合いで学んだことは何ですか？

目的や条件に合った発言をすることの大切さを学びました。

折り合いをつけながら話すことの大切さです。

実際に遊びを試して，話し合いをさらに続けてもよい。

漢字の広場3

◉ 指導目標 ◉

・第5学年までに配当されている漢字を書き，文や文章の中で使うことができる。
・書き表し方などに着目して，文や文章を整えることができる。

◉ 指導にあたって ◉

① 教材について

　作文が苦手な児童は，「文章を書きましょう」というだけで抵抗を感じてしまいます。さらにここでは，「作家になったつもりで」書くことが求められています。ただし，この学習の目標は，これまでに学習した漢字の復習です。全体で一斉に読む，二人組でどのようなお話になるかを想像することを通して，漢字に親しむことが大切です。

② 主体的・対話的で深い学びのために

　この単元では，「作家になったつもりで」という条件がついています。児童にとっては，条件がある方がイメージしやすくなるでしょう。文作りの前に，「どのようなお話が想像できますか」と問いかけ，自由にお話を想像する活動を取り入れるとよいでしょう。そうすることで，文作りが苦手な児童もイメージしやすくなるでしょう。文作りをした後，それぞれが作った文を交流し合います。1時間の配当のため，重点的に復習する漢字を選ぶ，作文が進まない児童には友達が作った文を写してもよいことにするなどの対応を考えます。

◉ 評 価 規 準 ◉

知識 及び 技能	第 5 学年までに配当されている漢字を書き，文や文章の中で使っている。
思考力，判断力，表現力等	「書くこと」において，書き表し方などに着目して，文や文章を整えている。
主体的に学習に取り組む態度	第 5 学年までに配当されている漢字を積極的に使い，学習課題に沿って物語を書こうとしている。

◉ 学 習 指 導 計 画　　全 1 時 間 ◉

次	時	学習活動	指導上の留意点
1	1	・5 年生までに学習した漢字を声に出して正しく読む。 ・教科書の絵を見て，主人公や登場人物の行動から，作家になったつもりでストーリーを考える。 ・提示された言葉を使い，5 年生までに習った漢字を，意味を考えながら正しく用いて，例文を参考に，絵に合った物語を書く。	・声に出してこれまでに学習した漢字を正しく読めるかどうかをペアでチェックし合う。間違えたり，正しく読めなかったりした漢字は，繰り返して読む練習をするように促す。 ・ペアの人と挿絵からお話を想像して、自由に話す場を設定する。

📀 **収録（イラスト, 漢字カード）** ※本書 P46,47 に掲載しています。

漢字の広場3

第 1 時 （1/1）

本時の目標
第5学年までに学習した漢字を使って，作家になったつもりでお話を書くことができる。

授業のポイント
ペアやグループの人と挿絵からどのようなお話が想像できるかを話し合い，イメージを十分膨らませる。書く時間も十分取って，漢字の定着を図る。

本時の評価
与えられた語を用いて進んで文を書き，よりよい文となるよう整えることで，第5学年までに配当されている漢字に習熟しようとしている。

板書例

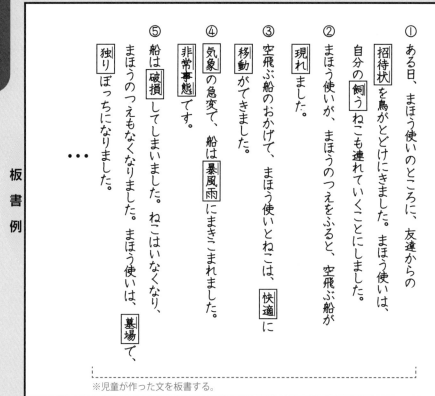

〈書く〉一文を短くします。そのために，読点「，」をなるべく減らし，句点「。」を多用し，文章

どんなお話かな？
・まほう使いがまほうで解決していくお話
・最後は友達と楽しくパーティーをするお話

※児童の発言を板書する。

① ある日、まほう使いのところに、友達からの 招待状 を鳥がとどけにきました。まほう使いは、

② まほう使いが、まほうのつえをふると、空飛ぶ船が 現れました。

③ 空飛ぶ船のおかげで、まほう使いとねこは、 快適 に 移動 ができてきました。

④ 気象 の急変で、船は 暴風雨 にまきこまれました。 非常事態 です。

⑤ 船は 破損 してしまいました。ねこはいなくなり、まほうのつえもなくなりました。まほう使いは、 墓場 で、 独り ぼっちになりました。

・・・

※児童が作った文を板書する。

1 音読する　5年生の漢字を声に出して読もう。

「5年生までに習った漢字が出ています。ペアの人と読み方を確かめましょう。」
　5年生までに覚えられなかった児童，一度覚えたけれど忘れてしまった児童もいる。読みの段階から，丁寧に取り組ませる。

じゃあ、ぼくから読んでみるね。「しょうたいじょう」、「かう」、「あらわれる」…。

さすが、岡崎さん。完璧に読むことができているね。

　「漢字の広場」は，1時間だけの配当なので，学習の流れを児童に覚えさせ，効率的に進めていく。

2 対話する　どのようなお話なのか，想像してみよう。

絵からどんなお話が想像できますか。

魔法使いが，困った時に魔法を使って解決していくのかな。

最後は無事に友達と楽しくパーティーができるようになるお話だね。

　絵にどのようなものが出てくるかを簡単に確認していく。
　文章を書くための素材を見つける活動である。詳しく見ている児童の意見を広めたり，絵から想像できることを発表させたりして，文章にすることをできるだけたくさん見つけさせる。

・猫を飼っているね。
・鳥が招待状を持ってきたよ。

を短くすることを意識させましょう。

漢字の広場3

五年生までに習った漢字を使って、作家になったつもりで、物語を書こう

め

※教科書 P140 の挿絵の拡大コピーを貼る。
　イラストの上に漢字カードを貼る。
　児童が使用した漢字カードを移動する。

主体的・対話的で深い学び

・イラストからお話を考えたり，想像を膨らませたりすることは，どの児童にとっても，楽しい活動となるだろう。想像を膨らませて，友達と考えたお話を交流することによって，文章作りがスムーズになる。

準備物

・教科書 P140 の挿絵の拡大コピー
　（黒板掲示用イラスト **DVD** 収録【6下 _03_01】）
・漢字カード **DVD** 収録【6下 _03_02】

3 書く　作家になったつもりで，魔法使いが冒険するお話の文章を書こう。

「絵の中の魔法使いは，どのような冒険をするでしょうか。作家になったつもりで物語を書きましょう。」

では，できるだけたくさんの漢字を使って，文章を書いていきましょう。

絵には描いていないけれど，前後がつながるように想像して文を書こう。

「　」を使って，気持ちが分かる文を書いてみよう。

　なるべく文章を書く時間を確保する。
　困ったら隣や同じ班の友達に，アドバイスをもらったり，質問したりしてもよいことにする。

・作家になったつもりで書くんだね。
・どうしたら物語のようになるかな。

4 交流する　書いた文章を交流しよう。

「出来上がった文章を声に出して読んでみましょう。」
　作った文章をペアやグループの人と読み合い，文章をよりよくするためにアドバイスし合い，交流させる。

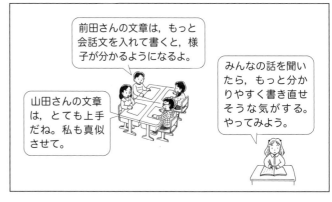

前田さんの文章は，もっと会話文を入れて書くと，様子が分かるようになるよ。

山田さんの文章は，とても上手だね。私も真似させて。

みんなの話を聞いたら，もっと分かりやすく書き直せそうな気がする。やってみよう。

　時間が足りないことも考えられるため，グループの中でノートを回す，グループの中でおすすめの文章を1つずつ紹介するなどの工夫もする。時間があれば，全体でいくつか作った文章を発表させるとよい。

殺風景	暴風雨	招待状	現れる	険しい	久しぶり
迷う	再会	博識	快適	限界	破損
独り	飼う	質問	感謝	移動	墓場
気象	正義	枝 夢 喜ぶ	非常事態		
絶望	救助				

『鳥獣戯画』を読む 【情報】調べた情報の用い方
日本文化を発信しよう

全授業時間 11 時間

◎ 指導目標 ◎

・筋道の通った文章となるように，文章全体の構成や展開を考えることができる。
・引用したり，図表やグラフなどを用いたりして，自分の考えが伝わるように書き表し方を工夫することができる。
・目的に応じて，文章と図表などを結びつけるなどして必要な情報を見つけたり，論の進め方について考えたりすることができる。
・日常的に読書に親しみ，読書が，自分の考えを広げることに役立つことに気づくことができる。

◎ 指導にあたって ◎

① 教材について

　本単元は，「『鳥獣戯画』を読む」で筆者が自分の見方を読者に伝えるためにどのような工夫をしているのかを学び，それをいかして日本の文化について説明するパンフレット作りをするという単元構成になっています。

　「『鳥獣戯画』を読む」は，筆者のものの見方がユニークに書かれた作品です。児童の興味をひく漫画やアニメを取り入れた論の展開や絵の示し方，体言止めや語りかけるような文末表現など，文章のいたるところに筆者の工夫が散りばめられています。児童は，筆者の様々な工夫を捉えながら読むことができるでしょう。

　「日本文化を発信しよう」では，日本文化のよさが読み手に伝わるように構成や絵，写真の見せ方を工夫してパンフレットにまとめます。グループでパンフレットの構想を練ったり，割り付けや文章構成について検討し合ったりする中で表現の質を高めることができます。パンフレット作りを通して，これから絵や写真などを用いた文章を読んだり書いたりするときに，ここでの学びをいかしていくことが期待できます。

② 主体的・対話的で深い学びのために

　単元の初めに「『鳥獣戯画』を読む」で筆者の表現の工夫を捉えて読み，それをいかして日本文化のよさを伝えるパンフレット作りをすることを伝えます。単元のゴールを知ることで，見通しをもって学習に取り組むことができます。さらには，「『鳥獣戯画』を読む」を学ぶことの意味や学ぶ必然性をもたせることもできるのです。

　書く活動では，個人で作業をする時間がどうしても長くなります。書くことが苦手な児童にとっては，「何を書いたらいいんだろう」と不安になることもあるでしょう。そこで，お互いの書いたものを見て回る時間を取るようにします。書き方のヒントが得られるだけでなく，単純な個人作業が友達と学び合う時間に変わります。このように，書く活動に対話的な学びを取り入れることで，互いの書いたものを磨き合い，よりよい作品を作ることができるでしょう。

知識 及び 技能	日常的に読書に親しみ，読書が，自分の考えを広げることに役立つことに気づいている。
思考力，判断力，表現力等	・「書くこと」において，筋道の通った文章となるように，文章全体の構成や展開を考えている。 ・「書くこと」において，引用したり，図表やグラフなどを用いたりして，自分の考えが伝わるように書き表し方を工夫している。 ・「読むこと」において，目的に応じて，文章と図表などを結びつけるなどして必要な情報を見つけたり，論の進め方について考えたりしている。
主体的に学習に取り組む態度	文章と図表などを結びつけて必要な情報を読み取ったり，構成を工夫して書き表したりすることに粘り強く取り組み，学習の見通しをもってパンフレットを作ろうとしている。

● 学習指導計画　全11時間 ●

次	時	学習活動	指導上の留意点
1	1	・日本文化についてイメージを広げる。 ・学習のめあてや学習の進め方を確かめる。	・これからの学習について，具体的なイメージがもてるようにする。
2	2	・筆者の主張が書かれた段落を見つける。 ・8段落の必要性を検討し，筆者の文章構成の工夫を捉える。	・文章構成を捉えながら筆者の主張が読めるように，頭括型，尾括型，双括型について説明をする。
	3	・絵と文章を照らし合わせながら読み，内容を捉える。 ・筆者の絵の示し方の工夫を考える。	・筆者が絵を切り離して示した効果について話し合い，絵の示し方の工夫について理解できるようにする。
	4	・筆者のものの見方や，それを伝えるための工夫について気づいたことをまとめる。	・論の展開，表現の工夫という点から，筆者の工夫について考えさせる。
3	5	・学習のめあてや学習の進め方を確かめる。 ・グループで題材を決め，どんなパンフレットを作るか構想を練る。	・付箋を使って話し合い，より具体的な構想が練られるようにする。
	6・7	・引用のしかたや出典の示し方，著作権の尊重について考える。 ・決めた題材について詳しく調べる。	・調べた情報を整理しやすくするために「情報カード」を準備し，記録させる。
	8・9	・整理した情報を基に，パンフレットの構成を決め，役割分担をする。 ・割り付けを決め，下書きをする。	・割り付けや文章構成のポイントを基に考えて，下書きさせる。 ・書いたものをグループで読み合い，検討させる。
4	10・11	・清書して，パンフレットを完成させる。 ・各グループのパンフレットに対する感想を伝え合い，学習を振り返る。	・工夫されていると感じた表現や，絵・写真の使い方について，感想を伝え合わせるようにする。

DVD 収録（イラスト，児童用ワークシート見本）※本書 P66,67 に掲載しています。

本時の目標

「日本文化」に対してのイメージを広げ，学習課題と学習全体の見通しをもつことができる。

授業のポイント

イメージマップを使って「日本文化」のイメージを広げる。学習のゴールを確認し，そのために何をどのように学ぶのかを確認させる。

本時の評価

学習課題をつかみ，これからの学習計画を立て，全体の見通しをもとうとしている。

板書例

〈見通しをもつ〉学習課題と学習全体の計画を立てることで，これからの学習への意欲と見通しを

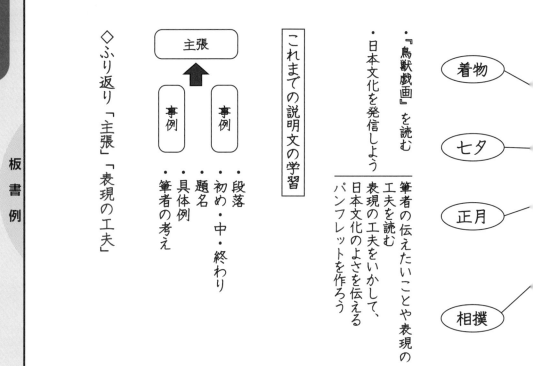

・『鳥獣戯画』を読む
・日本文化を発信しよう

・『鳥獣戯画』を読む　筆者の伝えたいことや表現の工夫を読む
・日本文化を発信しよう　表現の工夫をいかして，日本文化のよさを伝えるパンフレットを作ろう

着物
七夕
正月
相撲

これまでの説明文の学習

・段落
・初め・中・終わり
・題名
・具体例
・筆者の考え

主張
事例　事例

◇ふり返り　「主張」「表現の工夫」

---

1 イメージを広げる

イメージマップで「日本文化」のイメージを広げよう。

「日本文化」と黒板に書く。

「『日本文化』と言えば，どんなものが思い浮かびますか。イメージマップを使って考えを広げよう。」

　　1人を指名してイメージしたものを答えさせ，イメージマップの書き方を例示するとよい。

「ペアで話し合いましょう。」
　・着物は日本の文化だよね。
　・お寿司は外国人にも人気だよね。
　　全体で発表させる。

日本文化と言えばお正月です。

和食と言えば，お寿司です。

2 めあてつかむ

扉のページから，学習課題や学習内容を探ろう。

扉のページ（教科書P141）を音読させ，学習課題を確認する。

「これからの学習の進め方を確認しましょう。」
　　ノートに書かせて，いつでも確認できるようにする。

「日本文化のよさを伝えるパンフレットを書くために『「鳥獣戯画」を読む』では何を学ぶのですか。」
　　学ぶ目的を確認することで，児童に学ぶ必然性をもたせる。

「『鳥獣戯画』を読む」を学ぶ目的って何だろうね。

筆者の工夫を読み取ってパンフレット作りにいかします。

もつことができます。

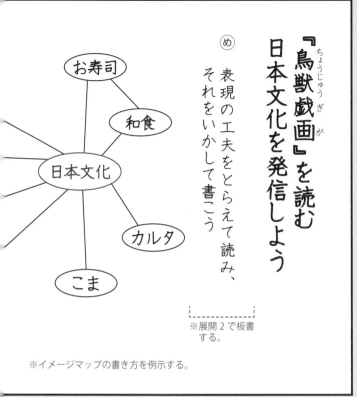

『鳥獣戯画』を読む
日本文化を発信しよう

め 表現の工夫をとらえて読み、それをいかして書こう

※展開2で板書する。

※イメージマップの書き方を例示する。

主体的・対話的で深い学び

・日本文化のよさを伝えるパンフレットを作るという学習のゴールによって、児童の学習への意欲が高まる。本時の導入部で日本文化に対するイメージを広げておくことが、パンフレット作りへの具体的なイメージにつながる大切な活動になる。
・これまでの説明文の学習での学びを確認することで、文章構成を捉えて筆者の主張の読み取りや表現の工夫を捉えるときの手立てになる。

準備物

---

3 確かめる　これまでの説明文の学習を振り返ろう。

教科書P56の「たいせつ」を音読させる。説明的文章を読む時は、筆者の主張とそれを支える事例を捉えることが大切だということを確認する。

「主張や事例の他に、これまでに説明文の学習ではどんなことを学んできましたか。」
　ペアで相談させる。

「題名」も大切だったよね。

「初め」に問いや話題提示がされるね。

「説明文について知っていることを発表しましょう。」
　・説明文は「初め・中・終わり」に分けられるよ。
　・筆者の主張は、「初め」や「終わり」に書かれることが多いよ。

4 読む　まとめる　「『鳥獣戯画』を読む」を音読して、振り返りを書こう。

「『鳥獣戯画』を読む」を句点ごとにペアで交互に音読させる。
「筆者の主張や、表現の工夫に注意しながら読みましょう。」
　読み終わったペアから、ノートに授業の振り返りを書かせる。「主張」「表現の工夫」といったキーワードを入れて書くように指示してもよい。
「今日の学習の振り返りをペアで話し合いましょう。」

語りかけてくるように感じたよ。

「人類の宝」が筆者の主張かな。

本時の目標
文章の構成を捉えながら，筆者が伝えたいことは何かを理解することができる。

授業のポイント
説明文を読む時のポイントを確認しながら話し合うことで，筆者の書き方の工夫を捉えさせる。

本時の評価
文章構成や書き方の工夫を捉えながら，筆者の伝えたいことを理解している。

板書例

〈つなぎ役に徹する〉「話し合いましょう」と児童に丸投げするのではなく，教師がつなぎ役とな

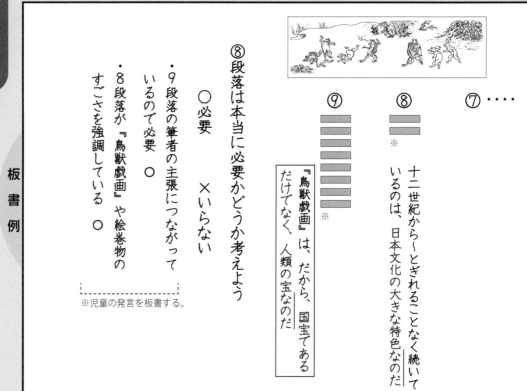

⑦ ‥‥

⑧ ※

⑨ ※

⑧ 段落は本当に必要かどうか考えよう

　○ 必要　　×いらない

・9 段落の筆者の主張につながっているので必要 ○

・8 段落が『鳥獣戯画』や絵巻物のすごさを強調している ○

十二世紀から～とぎれることなく続いているのは、日本文化の大きな特色なのだ

『鳥獣戯画』は、だから、国宝であるだけでなく、人類の宝なのだ

※児童の発言を板書する。

---

1 めあて つかむ　筆者がこの作品でいちばん伝えたいことを読み取ろう。

段落に番号を振り，9 段落あることを確認する。

「筆者の主張は，『初め・中・終わり』のどこに書かれていることが多かったかな。」
・「初め」や「終わり」が多かったよね。
・「初め」と「終わり」の両方に書かれていることもあるよね。

筆者がいちばん言いたいことが書かれた段落はどこかな。

8 段落か 9 段落のどっちか迷うな。

「初め」には書かれていないと思うな。

選んだ段落に名札を貼りに黒板まで行かせる。
「それでは，筆者の主張が書かれた段落に注意しながら音読をしましょう。」

---

2 考える 話し合う　その段落を選んだ理由を考え，同じ立場同士で話し合おう。

ノートにその段落を選んだ理由を書かせる。その後，同じ段落を選んだ者同士で話し合いをさせる。
「どうして同じ立場の友達と話し合うのですか。」
・新たな考えを増やすためです。
・話し合って意見を強くするためです。
　同じ立場同士で話し合う目的を確認する。

「それでは，同じ立場で集まって話し合いましょう。」

9 段落の「人類の宝なのだ」が筆者の主張じゃないかな。

「～なのだ」と文末を強調しているよね。

教師もそれぞれの立場の話し合いの輪の中に入り，児童の考えを引き出したり，整理したりする。

り意見を広げたり収束したりしましょう。

『鳥獣戯画（ちょうじゅうぎが）』を読む

め 筆者がいちばん伝えたいことが
書かれた段落はどこか考えよう

① 筆者がいちばん伝えたいことが
書かれた段落はどこか考えよう

②

③

・・・・

＝

※

『鳥獣戯画』は「漫画（まんが）の祖」とも
言われる国宝の絵巻物だ

※選んだ段落に名札を貼らせる。

🔍 主体的・対話的で深い学び

・筆者の主張を捉える中で，説明文を読む時に大切なポイントが出てくる。それを全体で確認することで深い学びにつながる。
・対話的な学習を成立させるために，対話する「目的・時間・場所」を児童と確認する。

準備物

・教科書 P143,145,146〜147の挿絵の拡大コピー
（黒板掲示用イラスト 📀 収録【6下_04_01】）
・名札

※説明文等の文章構成として「頭括型・尾括型・双括型」の3つの型があります。「頭括型」は「結論→理由・具体例」，「尾括型」は「理由・具体例→結論」，「双括型」は「結論→理由・具体例→結論」の順番になります。

3 話し合う 　筆者の主張が書かれた段落はどこか話し合おう。

「段落ごとに意見を発表しましょう。」
・8段落は，「日本文化の大きな特色なのだ」と文末が強調されています。
・9段落は，「国宝であるだけでなく，人類の宝なのだ」と『鳥獣戯画』の大切さが書かれています。
・8と9どちらも，筆者の主張のような気がするな…。

各段落の意見が出された後，反対意見を言わせる。

反対意見はありませんか。

3段落は，絵巻物の一部の絵の説明だから違うと思います。

8段落は『鳥獣戯画』ではなく，日本文化についての主張だと思います。

話し合っても意見がまとまらないときには，それぞれの考えを踏まえて教師から説明をする。
頭括型，尾括型，双括型の構成についても説明をする。

4 深める 　8段落は本当に必要なのかを話し合おう。

9段落に筆者の主張が書かれていることを確認した後，8段落のもつ役割や意味を考える。

8段落は，別になくてもいいでしょうか。

9段落の筆者の主張につながっているから必要です。

8段落が『鳥獣戯画』や絵巻物のすごさを強調しています。

「筆者は最後の主張を伝えるために，文章構成にも様々な工夫をしているのですね。」
・もう一度初めから読み直してみたいな。
・他にも，たくさんの工夫があるんじゃないかな。もっと筆者の書き方の工夫を見つけてみたいな。
　授業の最後に，次の時間からは筆者の書き方の工夫をさらに見つけていくことを伝える。

『鳥獣戯画』を読む

第 ❸ 時 （3/11）

本時の目標
絵と文章を照らし合わせながら，筆者の書き方の工夫を読み取ることができる。

授業のポイント
絵と文章を照らし合わせるとき，絵を拡大して見せるなどの工夫をすると，説明しやすい。

本時の評価
筆者が絵のどの部分を取り上げ，何に着目しているのかを，絵と文章を照らし合わせながら読み取ろうとしている。

板書例

〈絵を並べ替える〉 導入部で絵をバラバラに貼り出します。そうすることで，絵を注意深く見るよ

〈まとめ〉 筆者は自分の見方を読者に伝えるために，絵と文章を対応させたり，わざと切り取ったりしている

筆者は自分のものの見方を読者に伝えるために，絵と文章を対応させたり，わざと切り取ったりしている

（ウ）「ほんのちょっとした筆さばきだけで」
（ウ）「動きがある」
（ウ）「勢いがあって，絵が止まっていない」

（イ）「蛙の口から線が」
（イ）口，線の形
（ア）「もんどりうって…背中や右足，格好」
（ア）背中や右足，格好
（イ）「投げられたのに目も口も笑っている」
（ア）格好，表情

（ウ）「のびのびと見事な筆運び，その気品」
（ウ）「生き生きと躍動…まるで人間みたい」
（ウ）「何から何まで本物の生き物のまま」
（イ）「どこか，おかしくて，おもしろい」

（イ）「蛙が外掛け…足をからめて返し技」
（ア）足，格好
（イ）「蛙が兎の耳をがぶりとかんだ」
（ア）耳と口，格好
（イ）「たまらず兎は顔をそむけ」
（ア）格好，表情

---

1 めあて つかむ　2枚の絵を並べ替え，本時の学習課題を確かめよう。

授業開始とともに，2枚の絵の順番をわざと入れ替えて貼り出す。
「正しい順番はどうだったかな。」
・最初の絵は蛙と兎が相撲を取っているものだね。
・次は，兎が投げられた絵で，最後が絵巻物全体だよ。

「今日は，筆者は自分のものの見方を読者に伝えるために，絵の示し方をどのように工夫しているのかを見ていきます。」
めあてを確認し，教科書P150の「とらえよう」の読み取るポイントを音読させる。

どんなことを読み取ればいいのでしょうか。

取り上げた対象の何に着目しているかを読み取ります。

絵のどの部分を取り上げているかを読み取ります。

2 考える 話し合う　1枚目の絵と文を照らし合わせて読み，ペアで確認し合おう。

絵と文を照らし合わせてペアで確認させる。
（ア）どの部分を取り上げているか（文には赤線を引き，対応する絵は〇で囲む。）
（イ）何に着目しているのか（赤線の横に書く）
（ウ）どのようによいと考えているのか（青線を引く）

「まずは，ペアで相談して読み取っていきましょう。」
・「蛙が外掛け…足をからめて返し技」は格好に着目しているよね。
・「たまらず兎は顔をそむけ」は表情とも言えるね。

次は，筆者の評価が分かる文をペアで読み取ってみよう。

「のびのびと見事な筆運び，その気品」は筆者の評価だよね。

「どこか，おかしくて，おもしろい」もそうだね。

うになり，本時の学習にスムーズに入ることができます。

『鳥獣戯画』を読む

○ 二枚の絵を順番に並べかえよう

め 筆者は自分の見方を読者に伝えるために、絵の示し方をどのように工夫しているのか考えよう

※2枚の絵の順番を確認してから，めあてを板書する。

（ア）どの部分を取り上げているか（文…赤線　絵…○）

（イ）何に着目しているのか（赤線の横に書く）

（ウ）どのようによいと考えているのか（青線を引く）

🔍 主体的・対話的で深い学び

・導入部で絵を並べ替えさせることで，絵に着目できるように促す。全員が参加しやすいので，学びへの意欲を高めることもできる。
・本時の学習の最後に，パンフレット作りにも触れることで，学びを深める。

準備物

・黒板掲示用イラスト（第2時で使用したもの）

---

3 考える 話し合う　2枚目の絵と文を照らし合わせて読み，ペアで確認し合おう。

2枚目の絵は，1枚目の読み取りを参考にしながら，まずは1人で読み取る。

「それでは，先ほどと同じように2枚目の絵について，隣の友達はどのように書いたのか確認しましょう。」
・「蛙の口…気がついたかな。」に赤線を引いたよ。
・「もんどりうって…右足の線。」にも引いたよ。格好に着目していると思うな。

「筆者の評価が分かる文をペアで確認しましょう。」
・「勢いがあって…止まっていない」は評価だよね。
・「激しい気合いがこもっている」はどっちだろう。

全体で確認しておきたいところはありませんか。

「激しい気合いがこもっている」も評価に入れていいですか。

---

4 考える まとめる　筆者の絵の示し方の効果について考え，本時の学習をまとめよう。

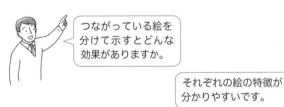
つながっている絵を分けて示すとどんな効果がありますか。

それぞれの絵の特徴が分かりやすいです。

右から左に流れる絵巻物の特徴がよく伝わります。

「筆者は，自分の見方を読者に伝えるために，絵の示し方をどのように工夫していましたか。」
・絵を切り離して，注目してほしいところを分かりやすくしていました。
・絵と文がつながっているので読みやすいです。

「日本文化のよさを伝えるパンフレット作りにも，今日学んだ絵の示し方の工夫はいかせそうですか。」
パンフレット作りに関係づけて考えさせる。

本時の目標
考えを効果的に伝えるための表現や構成の工夫について考えることができる。

授業のポイント
筆者の表現や構成の工夫を読み取るだけでなく、自分ならどの工夫を使ってみたいかを考えさせる。

本時の評価
表現や構成の工夫の効果について話し合い、自分が使いたい工夫を見つけている。

板書例

〈黒板の開放〉黒板を児童に開放し、自由に書くことができるようにします。自分たちが主体となっ

・先に絵の説明をしてから絵巻物の説明をしている
・絵と文を対応させている
・終わりに筆者の主張が書かれている
〈表現の工夫〉
「はっけよい、のこった」という書き出し
「めくってごらん」「どうだい」と語りかける表現
「すかさず、返し技」◎体言止め
「～なのだ」「～にちがいない」と主張のときは強く言い切っている

・絵を分けることで、つながりが分かりやすい
・絵と文を照らし合わせながら読むことができる
・相撲の実きょう中けいみたいて引きこまれる
・筆者といっしょに読み進めている感じがする
・読むリズムやテンポがよくなる
・筆者の強い思いが伝わってくる

自分も使ってみたいと思う工夫はどれか

※児童から出された意見を板書する。

1 確認する・書く

筆者の工夫を見つけるポイントを確認して、ノートに書き出そう。

教科書P150に書かれている筆者の工夫について考えるためのポイントを確認しましょう。

論の展開についてと、表現の工夫についてです。

絵の示し方は、前の時間に確認したよね。

　ノートに観点ごとの筆者の工夫を箇条書きさせる。3つ書けたら、教師に見せに来させ、教師が〇をつけた筆者の工夫を黒板に書かせる。
　授業への参加意識が高まることはもちろん、なかなか表現や構成の工夫が見つからない児童の手立てや、全体の学びの進度の調整にもつながる。

「筆者のどのような工夫を見つけましたか。」
・読者に語りかけるような表現がたくさんあります。
　列指名などで、簡単に確認する。

2 話し合う

自由な立ち歩きによる話し合いで、筆者の工夫をもっと見つけよう。

たくさんの友達と話し合って、筆者の工夫をもっと見つけましょう。

「はっけよい、のこった」という書き出しもおもしろいよね。

文末を「返し技」で終わるところも工夫だね。

　話し合いに入る前に、「友達の考えは赤ペンで増やす」「1人を作らない」などの約束を伝える。

　全体で考えを出し合う。
「黒板に書かれた考え以外に、新しい工夫はありませんか。友達に聞いた考えを発表してもいいですよ。」
・漫画やアニメのことを書いて、わたしたちが読みやすいように工夫をしています。

『鳥獣戯画』を読む

め　筆者は自分の見方を読者に伝えるために、どのような工夫をしているのか考えよう

○筆者の工夫を見つけるポイント
・論の展開 … 文章構成、主張や事例 など
・表現の工夫… 文末表現、説明の仕方 など

〈論の展開〉
・絵巻物の説明に、漫画やアニメのことを書く

〈効果〉
・子どもも身近に感じることができる

主体的・対話的で深い学び

・自由に立ち歩いて話し合いをすることで，筆者の構成や表現の工夫をたくさん見つけることができる。対話を通して新たな気づきや発見を得られたという体験をさせることが，今後の話し合い活動につながる。
・習得した様々な工夫をパンフレット作りに活用するように促す。

準備物

3 話し合う 考える　筆者の工夫には，どんな効果があるのだろう。

「筆者の工夫には，どのような効果があるのでしょうか。」
　黒板に書かれた筆者の工夫を基に，それぞれの効果について話し合う。ペアでの対話や全体での話し合いを織り交ぜることで，全員が筆者の工夫の効果を考えることができる。

文末を「返し技」と名詞で終わることでどんな効果があるか，ペアで話し合いましょう。

相撲の実況中継を聞いているような感じがするよね。

「他の工夫には，どんな効果があると思いますか。」
・「どうだい」のように語りかけるような口調が，一緒に見ている気分になります。

4 考える まとめる　自分も使ってみたい論の展開や表現の工夫はどれだろう。

「自分も使ってみたい工夫はありますか。ノートに書いた中から使ってみたいものに赤○をつけましょう。」
・読む人を引き込むような書き出しを書きたいな。
・自分の主張を書くときには，文末を「〜なのだ」とはっきりと伝わりそうな表現を使いたいな。

ペアの友達に，どんな工夫を使ってみたいか聞いてみましょう。

筆者のように，体言止めを効果的に使いたいです。

読む人に語りかけるような表現がいいなと思います。

「今日の学習の振り返りをノートに書きます。『工夫』という言葉を入れて書きましょう。」
・書き出しの工夫を使ってみたいと思いました。

日本文化を発信しよう
第 ⑤ 時（5/11）

本時の目標
グループで取り上げる日本文化を決め，パンフレットの構想を練ることができる。

授業のポイント
構想を練るときに付箋を活用することでアイデアを出しやすくする。

本時の評価
取り上げた日本文化のよさについて考えを出し合い，パンフレットの構想を練ろうとしている。

板書例

〈付箋を使った話し合い〉付箋を使うことで全員参加型の話し合いになります。また，意見が視覚的に

題材の構想を練ろう

※教師が作った構想図を掲示する。

題材を決める

① 付せんにアイデアを書く
→ ② 付せんを画用紙にはり、話し合う
→ ③ マジックで見出しやアイデアを書き足す

「パンフレット」とは

・写真
・大きな見出し
・小さな見出し
・コラム
・か条書き

※児童の発言を板書する。

※教科書 P156「紙面の例」の拡大コピーを貼る。

⑤ パンフレットを完成させる
⑥ 感想を伝え合う

---

1 確認する つかむ　日本文化のよさを伝えるパンフレット作りの進め方を知ろう。

「『「鳥獣戯画」を読む』では，どんなことを学習しましたか。」
・筆者の表現や絵の示し方などの工夫を学びました。
・工夫とその効果についても考えたよね。

教科書 P153 の「学習の進め方」を確認する。
・グループの友達と協力して，いいパンフレットを作っていきたいな。
・この時間は，題材を決めて構想を練るみたいだね。

---

2 捉える　パンフレットの完成イメージを見て，ゴールイメージをもとう。

準備していた様々なパンフレットを児童に見せる。パンフレットのイメージを広げた後に，教科書 P156 の「紙面の例」を拡大したものを提示する。（電子黒板などに映し出してもよい）

パンフレットを見て気づいたことは，列指名や班指名で発表させるとよい。短時間でパンフレットについてのイメージを広げることを大切にする。

見えることや仲間分けなどがしやすいことで話しやすくなります。

日本文化を発信しよう

め 日本文化のよさを伝えるパンフレットを作ろう

「鳥獣戯画」を読む」では… 筆者の様々な工夫について学んだ → 日本文化のよさを伝えるパンフレットを作ろう

〈学習の進め方〉
① 題材を決めて、構想を練る
② くわしく調べる
③ パンフレットの構成を決める
④ 割り付けを決め、下書きを書く

主体的・対話的で深い学び

・題材の構想を練るときに，付箋を活用することで分類や整理がしやすくなる。それぞれの考えが視覚化されているため，対話的な活動も活発になる。
・構想を練るときには，ブレーンストーミングの要領で，全ての意見を受け入れてアイデアを広げるようにする。

準備物

・様々なパンフレット（児童に完成イメージを見せるため）
・教科書P156の「紙面の例」の拡大コピー
・付箋（1人に5枚程度）
・画用紙（グループに1枚）
・構想図の見本

3 考える 話し合う　グループで取り上げる日本文化を話し合って決めよう。

教科書P153の「題材を決めて，構想を練ろう」を読む。その後，文章の読み手を確認する。（学級や学校の実態に合わせて決める）

「『「鳥獣戯画」を読む』の学習のはじめに，日本文化のイメージマップを作ったことを覚えていますか。」
・和食とか着物とかを書いた記憶があるな。
・ノートを見て確認してみよう。

4 考える 話し合う　取り上げる題材についてのイメージを広げよう。

「今から構想の練り方を説明します。」
説明する際，教師が作った構想図を提示して，見通しをもって活動に取り組めるようにする。
①付箋にアイデアを書く。（題材について「知っていること」「題材のよさ」や「伝えたいこと」など）
②付箋を画用紙に貼り，話し合う。
③マジックで見出しやアイデアを書き足す。

「題材についてのイメージを広げましょう。」

日本文化を発信しよう

第 6,7 時 (6,7/11)

本時の目標
引用や出典の正しい用い方を確かめ，決めた題材について調べたことを記録することができる。

授業のポイント
調べた情報の適切な使い方は，今後，他の教科にも役立つ知識である。そのため，情報を集める際に何度も確認する。

本時の評価
決めた題材について本やインターネットで必要な情報を調べ，記録している。

板書例

〈引用と出典〉正しい引用の仕方や出典の示し方は，意見文を書くときやディベートで意見を言うとき

○ 著作権を尊重しよう

調べるときのポイント

・何を調べるかを確認する

・本や新聞、インターネット、見学、インタビューで調べる

・調べた内容は「情報カード」に書く
※情報カードは一枚に一つの情報を書く

・引用・出典を正しくする

・情報を整理する

---

1 確認する・つかむ
題材の構想を確認して，本時の学習課題をつかもう。

「日本文化のよさを伝えるパンフレット作りをするために，前の時間では題材の構想を練りましたね。どんな内容だったかを構想図で確認しましょう。」

　　グループで，詳しく調べる内容を確認させる。

・着物の柄の秘密を調べるよ。
・わたしたちは，相撲の歴史について調べるよ。
・何を使って調べるのかな。

今日は，調べた情報の正しい使い方を知り，題材について詳しく調べていきます。

本やインターネットを使って調べるのかな。

情報の正しい使い方って，何だろう。

---

2 確認する
調べた情報の適切な用い方を確認しよう。

教科書 P152「調べた情報の用い方」のリード文を読む。

これまでに，どんな情報の用い方を学んできましたか。

「引用」するときには元の文章をそのまま抜き出します。

「正しく引用するには，どうすればいいですか。」
・「　」をつけたり，本文より一字下げたりして，他の文と区別します。
・どこから引用したかを書きます。
「出典を示すときには，どうすればいいですか。」
・調べるときに使った本の「筆者」などを書きます。
・他にも「書名」「発行年」「出版社」も書きます。

　　教科書 P152 下段の「著作権を尊重しよう」を音読させる。

などにも活用できます。正しい知識を身につけさせておきましょう。

日本文化を発信しよう

（め）調べた情報の正しい使い方を知り、題材についてくわしく調べよう

○調べた情報を適切に用いよう
◎引用する
・「」や一字下げ
・そのままぬき出す
◎出典を示す
・筆者・書名・発行年・出版社

※教科書 P152 の引用，出典の例の拡大コピーを貼る。

主体的・対話的で深い学び

・調べ学習をするときには、「何をどのように調べるのか」という目的と方法をきちんと確認しておく。
・調べ学習をするときには、グループ内で内容の確認や相談をする時間を設けることで、集めた情報の整理もしやすくなる。

準備物

・前時に作成した構想図
・教科書 P152の引用，出典の例の拡大コピー
・ワークシート「情報カード」
（児童用ワークシート見本 DVD 収録【6下_04_02】）

3 つかむ　調べ学習をするときの手順やポイントを確認しよう。

みなさんは、どのようにして情報を集めるのですか。

本を借りたり、インターネットを使ったりします。

調べた情報をメモします。

調べるときのポイントを板書して確認する。
調べた内容は情報カードに書かせる。（1枚のカードにつき、1つの情報を書くことを確認する）

「本やインターネットから，情報を集めるときに気をつけなければいけないことは何ですか。」
・何を使って調べたのか出典をきちんと書きます。
・引用するときには、そのまま抜き出します。

4 調べる整理する　本やインターネットを使って調べ、集めた情報を整理しよう。

「それでは，詳しく調べていきましょう」
グループで相談して、図書室やパソコン教室、インタビューなどの方法で調べさせる。調べる時間をたっぷりと確保できるようにする。また、グループの進度をこまめに確認し合うように注意を促す。

集めた情報を整理しましょう。

調べた内容が似ているから、まとめておこう。

これは誰も調べていない内容だね。

情報カードを整理しておくことで、次時の文章構成が決めやすくなる。

日本文化を発信しよう
第 8,9 時 (8,9/11)

本時の目標
最も伝えたいことを明確にして，それにふさわしい割り付けや文章構成を考える。

授業のポイント
「『鳥獣戯画』を読む」で学んだ筆者の論の展開や表現の工夫，絵の示し方を基にして，パンフレットの構成や割り付けを考えられるようにする。

本時の評価
自分が最も伝えたいことを明確にして，それにふさわしい割り付けや文章構成を考えようとしている。

〈検討する〉本時の学習で互いに検討することの目的は，より伝わりやすいものへと高めることで

板書例

文章構成
・みりょくを伝えたい
　→理由や事例を挙げる
・歴史をしょうかいしたい
　→時代順に述べる・出来事の原因と結果
・読み手が疑問に思いそうなことを説明したい
　→問いと答え

① 最も伝えたいことは何か（主張）
② 主張が伝わる説明（事例）は何か
③ 絵や写真の使い方はどうするか

割り付け …文字や写真，絵などの配置を決めること
・見出し
・小見出し
・リード文
・絵や写真
・コラム

※教科書P155「ページの割り付けの例」の拡大コピーを貼る。

※教科書P154「パンフレットの構成の例」の拡大コピーを貼る。

・どんな順番にするか
・タイトルはどうするか
・役割はどうするか
① 各ページの担当
② 表紙・目次の担当
③ 裏表紙の担当

---

1 確認する 考える
整理した情報カードを基に，パンフレットの構成と役割を決めよう。

「前の時間に情報カードを集めて整理をしていますね。今日は，その情報カードを基に，パンフレット作りを進めていきます。」
・どうやってパンフレットを作っていくのかな。

本時のめあてと学習の進め方を確認する。

パンフレットの構成を決め，誰がどのページを書くか分担しましょう。

表紙と目次や裏表紙の担当も決めないとね。

どの順番で紹介すればいいかな。

教科書P154「パンフレットの構成の例」を参考にして決めるように伝える。グループで相談して，パンフレットの構成と担当者をワークシートに書かせる。

2 考える 話し合う
絵や写真の示し方や最も伝えたいことを明確にして割り付けを決めよう。

「割り付け」の意味を辞書等で確認した後，教科書P155「ページの割り付けの例」（拡大コピー）を黒板に貼る。

1つのページに，どんな情報が載っていますか。

写真やリード文もあるね。

見出しや小見出しがあります。

「最も伝えたいことを明確にして，絵や写真の使い方も考えて，割り付けを決めましょう。」
次の3つを考えながら割り付けを決めさせる。
① 自分が最も伝えたいことは何か（主張）
② 主張が伝わる説明（事例）は何か
③ 絵や写真の使い方はどうするか

「ページの割り付けについて友達と相談しましょう。」
グループで，書いたものを見せ合い，加筆・修正させる。

す。その目的を確認して活動させましょう。

日本文化を発信しよう

め 日本文化のよさが伝わるようなパンフレットの構成や割り付けを考えよう

〈学習の進め方〉
① パンフレットの構成を考える
② 担当ページを決める
③ 割り付けを考える
④ 文章構成を考える
⑤ 下書きをする

パンフレットの構成

主体的・対話的で深い学び

・対話する大きな目的は、「新たな気づきや発見をすること」である。本時の学習でも、パンフレットの構成を考える場面や割り付けや下書きを検討する場面がある。対話する目的を児童と確認してから話し合わせることで、より効果的な活動になるだろう。
・文章構成を考える場面では、「『鳥獣戯画』を読む」の学習と関連づけて考えることで学びを深めることが期待できる。

準備物

・情報カード（第6・7時で使用したもの）
・教科書 P154「パンフレットの構成の例」の拡大コピー
・ワークシート「パンフレットの構成表」（各班1枚）
（児童用ワークシート見本 DVD 収録【6下_04_03】）
・教科書 P155「ページの割り付けの例」の拡大コピー
・用紙（割り付け用と下書き用）

---

3 考える 書く　どのように文章を構成するかを考えて、下書きしよう。

「自分が伝えたいものによって文章構成は変わります。どのように文章構成をすればいいのでしょうか。教科書 P154 の下段の『文章構成の例』を見ましょう。」
・魅力を伝えるときは、理由や事例を挙げるといいんだね。
・「初め」に問いを書いて答えていくのもいいね。

「『鳥獣戯画』を読む」のときに学んだ工夫は使えないかな。

読者に語りかけるような言葉で書いていきたいな。

絵や写真の示し方も工夫したいな。

「『鳥獣戯画』を読む」の学習を関連づけて考えられるようにする。
「それでは、下書きに取りかかりましょう。」

4 読む 検討する　下書きをグループで読み合い、記事の内容や表現を検討しよう。

下書きをする際、「何を書けばいいか分からない」「思うように進まない」ということがある。書き方の例が書かれたプリント等を準備する、下書きの途中でアドバイスし合う時間を設ける、などの手立てを考えておくことが大切。

書いたものをグループで読み合い、記事の内容や表現を検討させる。

記事の内容や表現をもっとよくするにはどうすればよいかな。

ここは「返し技」のように体言止めを使うと強調されるんじゃないかな。

写真の位置をここに移すのはどうかな。

検討したことを参考に加筆・修正を加えさせる。

日本文化を発信しよう

第 10,11 時（10,11/11）

本時の目標
パンフレットを読み合って，工夫されていると感じたことを伝え合うことができる。

授業のポイント
感想交流会，友達の工夫発表，振り返りという授業構成によって，様々な表現の工夫を知り，それらを今後に活用できるように促す。

本時の評価
パンフレットを読み合って，工夫されていると感じたことを伝え合おうとしている。

板書例

〈スピーチではなく対話する〉感想を伝え合う活動と言いながら，一方的に話すだけで対話にならないこと

〈ふり返り〉
①〜③のことをインタビューする

③ 今後，いかしたいこと
② 絵，写真の使い方
① 工夫されていると感じた表現

〈友達の工夫〉
・語りかけるような言葉
・体言止め
・引きつける見出し
・難しい言葉の説明がある
・書き出しの工夫
・クイズ形式

※児童の発表を板書する。

④ あいさつをする
　※①〜④をくり返す
③ 感想を伝え合う
　・工夫やよかったところをコメントする
　・質問やコメント返し
② パンフレットを読む

---

1 書く
検討した下書きに従って記事を清書し，パンフレットを完成させよう。

「前の時間に検討した下書きを基に，今日は清書してパンフレットを完成させます。」

清書するときに気をつけることは何ですか。

見出しの字を太くして目立たせよう。

読む人のことを考えて丁寧に書こうね。

清書するときの心構えを作ってから書かせる。

「それでは，パンフレットの清書をしましょう。」
　書く活動は進度の差が開くことがある。残り時間を伝えるなどして，見通しをもって書かせる。

　完成したパンフレットは1冊にまとめ，グループの人数分を印刷してから製本する。

---

2 読む 対話する
ペアを作ってパンフレットを読み，感想を伝え合おう。

本時のめあてと学習の進め方（①感想交流会②全体発表③振り返り）を説明する。

「感想交流会をします。友達のパンフレットを読んで，工夫されていると感じたことを伝え合いましょう。」
　①ペアを作る→②パンフレットを読む→③感想を伝え合う→④あいさつ→次の人と①〜④をする。
　肯定的なコメントを言うなどのルールも確認する。

写真を使って説明をしていたから「ひな人形」のことがよく分かったよ。

体言止めを使っていたから文にリズムがあって読みやすかったよ。

友達の表現の工夫はメモして，次の発表で言えるようにしておく。

があります。質問やコメント返しなど対話が続くポイントを伝えます。

主体的・対話的で深い学び

・本時の学習では，感想を伝え合う活動，インタビューによる振り返りと形式の違う2つの対話的活動を取り入れている。どちらも，双方向のコミュニケーションが生まれるように，質問やコメント返しなどのポイントも積極的に教えていくことが大切である。

・振り返りでは，「今後にいかしたいこと」という観点を与えて，身につけた力を活用することができるようにする。

準備物

・前時に作成した下書き
・清書用紙

日本文化を発信しよう

め パンフレットを読み、工夫されていると感じたことを伝え合おう

〈学習の進め方〉
① 感想交流会
② 全体発表
③ ふり返り

〈感想交流会〉
① ペアを作る
「言葉のキャッチボール」を楽しもう

---

3 発表する 感想交流会で見つけた「工夫されている」と感じたところを発表しよう。

「感想交流会で工夫されているなと思うところがたくさん見つかりましたね。ペアの友達と，どんな工夫を見つけたのかを話し合いましょう。」
　　30秒ほど時間を取って，見つけた工夫を出し合わせる。

「それでは，感想交流会で見つけた工夫されていると感じたことをみんなに伝えましょう。」

読者に語りかけるような言葉で書いていたのがいいなと思いました。

写真と文が合っていて説明が分かりやすかったです。

注目してもらいたいところを太字にしていました。

児童の発表を板書する。時間があれば，工夫によってどんな効果があるかを話し合うとよい。

---

4 振り返る 深める 学習の振り返りを書き，インタビュー形式で伝え合おう。

「それでは，学習の振り返りを書きましょう。」
　　次の3つの観点から振り返りを書かせる。
　　① 工夫されていると感じた表現
　　② 絵，写真の使い方
　　③ 今後，いかしたいこと

インタビュー形式で振り返りを伝え合わせる。

ペアで振り返りを伝え合いましょう。

工夫されていると感じた表現は何ですか。

語りかけるような言葉で書かれていたことです。一緒に読んでいるような気になりました。

「最後に教科書P157の『たいせつ』と『いかそう』を読みましょう。」

情報カード

何を調べるか

名前（　　　　　）

調べた内容

出典

筆者

書名

発行年

出版社

日本文化を発信しよう

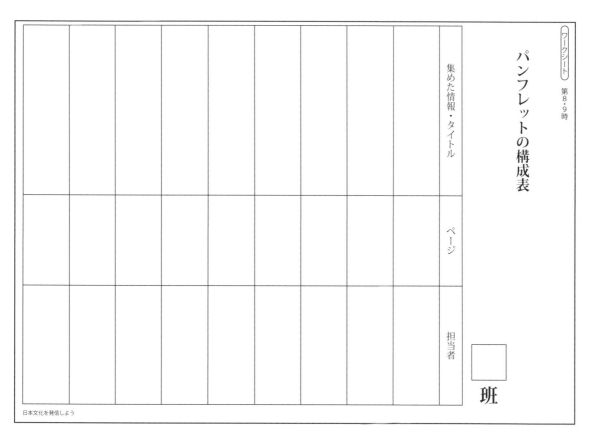

	集めた情報・タイトル	ページ	担当者

パンフレットの構成表

ワークシート 第8・9時

班

日本文化を発信しよう

古典芸能の世界－演じて伝える

◉ 指導目標 ◉

・古典について解説した文章を読んだり作品の内容の大体を知ったりすることを通して，昔の人のものの見方や感じ
　方を知ることができる。

◉ 指導にあたって ◉

① 教材について

　本単元では，「狂言，能，歌舞伎，人形浄瑠璃 (文楽)」の４つの古典芸能が，いつの時代に生まれ，どのような
特徴があるのかを，まず解説文を読んで理解します。その際に，それぞれの作品を視聴するなど，実際に作品に触
れる学習活動を行うことで，さらに児童の興味・関心をもたせることができます。独特な表現や言い回しの面白さ
を体感したり，作品から昔の人々のものの見方や考え方を感じ取ったりすることで，古典芸能への親しみを深める
ことができます。また，今もなおなぜ，古典芸能が親しまれているかを考え，この先も残していくべき伝統文化で
あることに気づくことができる教材です。

② 主体的・対話的で深い学びのために

　まず，４つの伝統文化の写真からどのようなことが分かるのかを出し合います。児童にとっていちばん親しみが
あるのは歌舞伎でしょう。知っていることを出し合うと，興味関心を抱きやすいでしょう。

　次に，解説文や「文化デジタルライブラリー」の映像資料を用いて，４つの演劇を調べていきます。その際，共
通点やそれぞれの演劇の特徴などを見つけていきます。

　そして，長い年月を越えてもなお人々に親しまれているのはなぜかを考えます。個人で考えをノートに書いた後，
グループで話し合い活動をすると，古典芸能の奥深さを児童が見出すことができるでしょう。

知識 及び 技能	古典について解説した文章を読んだり作品の内容の大体を知ったりすることを通して，昔の人のものの見方や感じ方について知識を得ている。
主体的に学習に取り組む態度	古典芸能について関心をもち，理解を深めるとともに，学習課題に沿って交流しようとしている。

◉ 学 習 指 導 計 画　　全 1 時 間 ◉

次	時	学習活動	指導上の留意点
1	1	・教科書で紹介されている古典芸能についての理解を深める。 ・さらに知りたくなったことや，見てみたいと思ったものについて交流する。	・児童になかなか馴染みがない場合など，必要に応じて，デジタル教材や二次元コードの資料を利用する。 ・児童の関心に応じて，家庭学習などで調べさせてもよい。

古典芸能の世界
－演じて伝える
第 1 時 （1/1）

本時の目標

4つの伝統芸能の特徴や作品の内容を知り，昔の人のものの見方や感じ方を知ることができる。

授業のポイント

解説文や映像資料をもとに調べたことをいかして，なぜ現在も伝統芸能が人々に親しまれているのかを話し合う。

本時の評価

古典芸能についての理解を深め，今も親しまれている理由を考えたり，興味のあるものを調べたりしようとしている。

〈映像〉光村図書 HP に「授業に役立つ資料」で，映像資料のリンクが用意されています。映像を

板書例

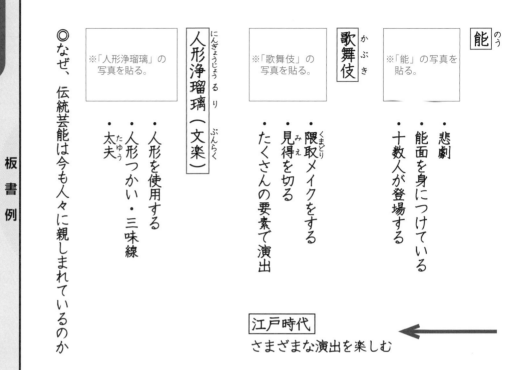

◎なぜ，伝統芸能は今も人々に親しまれているのか

人形浄瑠璃（文楽）
※「人形浄瑠璃」の写真を貼る。
・人形を使用する
・人形つかい・三味線
・太夫

歌舞伎
※「歌舞伎」の写真を貼る。
・たくさんの要素で演出
・見得を切る
・隈取メイクをする

能
※「能」の写真を貼る。
・十数人が登場する
・能面を身につけている
・悲劇

江戸時代
さまざまな演出を楽しむ ←

---

1 めあて つかむ — 写真から分かることを見つけよう。

「今から 4 つの古典芸能の写真を貼ります。知っているものはありますか。また，写真からどんなことが分かりますか。」

・「歌舞伎」は知っています。この間，おばあちゃんが市川團十郎さんの歌舞伎を京都南座まで観に行っていました。

　4 つの伝統芸能の名前を確認していく。

「今日は，昔から伝わる『狂言，能，歌舞伎，人形浄瑠璃』の特徴についてみんなで調べていきましょう。」

2 調べる — 4 つの古典芸能の特徴をつかもう。

「教科書 P158，P159 を読んで，それぞれの演劇が生まれた時代や特徴をまとめていきましょう。」

　解説文を読んで板書にまとめる。さらに，QR コードから「文化デジタルライブラリー」の映像資料などを用いて，作品を視聴したり，特徴を詳しく調べたりする。

「次は，『狂言』について交流しましょう。」

・動物の鳴き声を真似たりしていて面白いね。

・今みたいに舞台装置がないけど場面や様子が想像できるよ。

見ることで，古典芸能に対する理解を深めることができます。

古典芸能の世界

め　四つの伝統芸能の特ちょうを調べよう

能と狂言は同じ舞台で演じられる

狂言（きょうげん）

・二、三人が登場する
・せりふやしぐさで表現
・喜劇

※「狂言」の写真を貼る。

室町時代
様子や気持ちを想像しながら楽しむ

主体的・対話的で深い学び

・展開4で「長い年月を越えてもなお人々に親しまれているのはなぜか」について考えていく。個人で考えをノートに書いた後，グループで話し合い活動をすると，古典芸能の奥深さを児童が見出すことにつながっていく。

準備物

・（黒板掲示用）4つの古典芸能の写真（教科書の画像を拡大コピー）
・映像資料（教科書連動サイトなど）

---

3 調べる 比べる　4つの古典芸能の特徴をつかんで，比べてみよう。

「『能』について分かったことなどを交流しましょう。」
　・能面の向きを変えて表情を変化させるんだ，すごいね。
　・能は，ゆっくりとした動きや言葉で，少し難しい感じがするよ。
　・いろいろな能面を見てみたいな。
　　「人形浄瑠璃」についても同じように交流する。

「この4つの演劇を比べて，何か気づいたこと，感じたことなどはありますか。」

> 時代が進むにつれて，演出が豊かになって人々も楽しくなったと思います。

> 狂言と能は，どちらも想像して楽しんでいるところが似ています。

> それぞれ特徴のある4つの演劇が今もすべて残っているのはすごいと思いました。

4 対話する 振り返る　古典芸能が今も親しまれている謎に迫ろう。

「では，なぜこれらの伝統芸能は，今の人々にも親しまれているのでしょうか。話し合ってみましょう。」

> 昔の人も今の人も考えたり，思ったりすることが似ているからじゃないかな。

> 歌舞伎は特に人気があるね。歌舞伎俳優をテレビでもよく見かけるよ。

> お話の演技がとても上手だからじゃないかな。物語の世界に引き込まれるのだと思うよ。

> 独特な言い回しが面白いから，言葉で残ったりもしているのかな。

・演劇を見て笑ったり，驚いたりするのは，共感できる部分が多くあるからだと思います。

　他にも，本時の感想や，これから調べてみたいことや知りたいことなどを発表し合いまとめる。

カンジー博士の漢字学習の秘伝

◉ 指導目標 ◉

・第6学年までに配当されている漢字を読むとともに，漸次書き，文や文章の中で使うことができる。
・文や文章の中で漢字と仮名を適切に使い分けるとともに，送り仮名や仮名遣いに注意して正しく書くことができる。

◉ 指導にあたって ◉

① 教材について

　小学校生活の6年間で学習する漢字は全部で1026字です。児童の中には，漢字を正しく書いたり読んだりすることに対して，苦手意識をもつ児童もいるはずです。

　この教材では，漢字学習の秘伝として，小学校6年間で身につけてきた知識をいかし，漢字を読み書きする上での留意点を考えていくことができます。今後も漢字学習に意欲をもって取り組むきっかけとなるのにふさわしい教材です。

② 主体的・対話的で深い学びのために

　第1時では，カンジー博士が紹介する秘伝について，詳しく学習していきます。「秘伝その一」は，教科書P284「六年間に習う漢字」を参照しながら，「線の数」，「点の有無」，「つき出すかどうか」，「形」の間違えやすい4項目の漢字を見つける活動をします。次に，「秘伝その二，三」は，例文をもとに正しく書くことができるかを簡単に確認します。そして，「究極の秘伝」を確認し，教科書P161の ①〜③ の設問に取り組みます。

　第2時では，漢字学習を苦手とする自分や友達のために，「漢字学習の秘伝」を作る学習活動を行います。漢字学習が苦手な児童は，自分の苦手な漢字の傾向を捉えて，カンジー博士の真似をして各自の「漢字学習の秘伝」を作ります。漢字学習が得意な児童もいるでしょう。その児童には，漢字学習のこつを秘伝としてまとめさせます。最後にそれぞれが考えた「漢字学習の秘伝」を交流します。

◉ 評 価 規 準 ◉

知識 及び 技能	・文や文章の中で漢字と仮名を適切に使い分けるとともに，送り仮名や仮名遣いに注意して正しく書いている。 ・第6学年までに配当されている漢字を読むとともに，漸次書き，文や文章の中で使っている。
主体的に学習に取り組む態度	工夫して漢字学習を行うことに進んで取り組み，今までの学習をいかして漢字を正しく書こうとしている。

◉ 学 習 指 導 計 画 　 全 2 時 間 ◉

次	時	学習活動	指導上の留意点
1	1・2	・漢字の学習で，困っていることや，自分なりの工夫などを出し合う。 ・漢字学習の3つの秘伝について，教科書に沿って確認する。 ・「究極の秘伝」を確かめ，教科書P161の設問に取り組みながら，漢字学習の秘伝について振り返る。	・教科書P284「六年間に習う漢字」を参照しながら，「線の数」，「点の有無」，「つき出すかどうか」，「形」の間違えやすい4つの項目に当てはまる漢字を見つけ，整理してまとめさせる。
		・漢字学習を苦手とする自分や友達のために，「漢字学習の秘伝」を作る学習活動を行う。	・漢字学習が苦手な児童には，自分の苦手な漢字の傾向を捉え，カンジー博士の真似をして各自の「漢字学習の秘伝」を作らせる。 ・漢字学習が得意な児童には，漢字学習のこつを秘伝としてまとめさせる。

💿 **収録（イラスト）** ※本書 P75「準備物」欄に掲載しています。

カンジー博士の漢字学習の秘伝
第 1,2 時 (1,2/2)

本時の目標
工夫して漢字学習を行うことに進んで取り組み，今までの学習をいかして漢字を正しく書こうとすることができる。

授業のポイント
漢字学習のポイントを確認し，それぞれの漢字学習の秘伝をまとめさせる。そうすることで，漢字学習に対する意欲を高める。

本時の評価
工夫して漢字学習を行うことに進んで取り組み，今までの学習をいかして漢字を正しく書こうとしている。

板書例

〈探究する〉オリジナル辞典を作成することで，課題意識をもって取り組むことができます。漢字

学習課題
漢字博士になるために、「漢字学習の秘伝」を作ろう

究極の秘伝 「自分が苦手とする漢字を知り、学習にいかすこと」

秘伝その三 「送り仮名もいっしょに書く」
こころみる ○試みる ×試る

秘伝その二 「音訓ごとに熟語や例文を作る」

便
①びん…郵便 ②たより…便り ③べん…不便

秘伝その一
①点があるか、ないか
・博 ・域 ・複 ・機
②つき出すか、つき出さないか
・善 ・憲 ・宅 ・確
④形を間違えやすい字
・備 ・衆 ・蒸 ・就

※児童に「六年間に習う漢字」を振り返らせて，出てきた漢字を整理してまとめさせる。

---

1 交流する　漢字学習の秘伝を確かめよう。
(第1時)

「達」という漢字の右側の一部を隠したものを提示する。
「隠された部分の横の線は何本でしょう。」
・2本だったかな。
・間違いなく3本だよ。

「いつも漢字のことを教えてくれるカンジー博士が，弟子たちに漢字学習の秘伝を授けようとしています。一緒に漢字博士を目ざしましょう。」

秘伝その一は，複雑な形や，見慣れない漢字は，線の数，点の有無，つき出すかどうか，形などに気をつけることが大切です。どこを間違えやすいか，種類ごとに当てはまる漢字を調べてみましょう。

①の「線の数」に当てはまる漢字は，拝見するの「拝」です。横の線の数を間違えたことが前にありました。

②の「点の有無」は，博士の「博」の点が，忘れやすいよ。

国語辞典や漢字辞典，漢字ドリル，ノートなどを使って，調べたものを分類していく。秘伝二，三も簡単に確認する。

---

2 書く　漢字学習の秘伝を使って，問題に取り組もう。

「カンジー博士の秘伝を参考にして，教科書P161の[1]〜[3]に挑戦してみましょう。」
・よし，カンジー博士の秘伝をいかして頑張るぞ。
・不安だなあ，全部できるかなあ。

　教科書P161の漢字への書き換え，読み仮名，送り仮名に気をつけるという[1]〜[3]の3種類の問題をノートに書かせて，答え合わせをする。
　P161に出ている新出漢字が「秘伝その一」のどれに当てはまるのかを確かめるとよい。

答え合わせをすると，漢字の読みが苦手みたいだということが分かったよ。

ぼくは，これまで頑張ってきた成果が出て，全部できたよ。もっと漢字が得意になりたいな。

ぼくは，送り仮名がどうも苦手みたい。どうすれば得意になるのか，前田さん教えて。

カンジー博士の言う通りで，送り仮名も一緒に書く練習をしないと，うまく覚えられないよ。

学習に対する姿勢も変わるかもしれません。

カンジー博士の漢字学習の秘伝

め 漢字学習の秘伝を学んで、漢字博士になろう

※「達」の漢字を拡大したものを貼り、右側の一部を隠す。

横の線は何本？

秘伝その一「形に気をつける」
①線の数
・動 ・宿 ・拝 ・難

🔍 主体的・対話的で深い学び

・それぞれが考えた「漢字学習の秘伝」を交流することで、新たな気づき、発見ができる。対話を通して自分の学びを広げさせたい。

準備物

・「達」の漢字を拡大したもの
・国語辞典や漢字辞典（各自）
・黒板掲示用イラスト「カンジー博士」 DVD 収録【6下_06_01】

---

3 （第2時）書く　漢字学習の秘伝を作ろう。

「前の時間の学習で、自分の漢字の苦手なところを知ることができた人も多いことでしょう。また、漢字が得意だということが分かった人もいますね。今日は、学習したことをいかして、漢字博士に近づくために『漢字学習の秘伝』を作りましょう。」
　漢字が苦手な傾向が見えた児童には、カンジー博士の秘伝を真似させて、オリジナルの「漢字学習の秘伝」を作成させる。漢字が得意な児童には、漢字学習のこつをまとめさせる。

ぼくは、「似ている漢字を間違えない秘伝」を作りたいな。「績」と「積」のように、形が似た漢字の使い分けが分かるようにまとめたいな。

わたしは、同音異義語がどうしても苦手です。だから、同音異義語を集めて、どうすれば正しく使い分けることができるのかを分かりやすくまとめたいです。

4 交流する 振り返る　それぞれが考えた漢字学習の秘伝を読み合おう。

「それぞれが作った『漢字学習の秘伝』を読み合い、交流しましょう。交流が終わったら、工夫しているところやアドバイスを互いに伝え合いましょう。」

森田さんの同音異義語の秘伝は、すぐに使えそうだね。とても分かりやすいね。

久保さんの秘伝は、どの学年の人にも分かりやすく書いているね。さすが、久保さんだね。

藤森さんの送り仮名の秘伝はよく考えたね。これはクラスの人にも役立つよ。すごいなあ。

松井さんの正しく読む秘伝が参考になったよ。わたしも苦手なところだから分かりやすかったよ。

「これまでの学習を振り返り、これから漢字学習をどのようにしていきたいのか、ノートにまとめましょう。」
・3つの秘伝のポイントを意識して、毎日の漢字の学習にいかしていきたいです。頑張ります。

漢字の広場4

◉ 指導目標 ◉

・第 5 学年までに配当されている漢字を書き，文や文章の中で使うことができる。
・書き表し方などに着目して，文や文章を整えることができる。

◉ 指導にあたって ◉

① **教材について**

　　テレビ局へ見学に行ったという設定で，6 つの場面設定があります。それぞれの場面で，自分が見てきたことを家の人に分かりやすく伝える文章作りが求められています。絵から想像を膨らませるという，どの児童にも書きやすい内容になっています。これまでに学習した漢字を想起しやすいとともに，楽しく漢字の復習ができる教材となっています。

② **主体的・対話的で深い学びのために**

　　この学習では，「家の人に分かりやすく伝える」という条件がついています。児童にとっては，条件がある方が書きやすくなるでしょう。文作りの前に，「どのようなお話が想像できますか」と問いかけ，自由にお話を想像する活動を取り入れるとよいでしょう。そうすることで，文作りが苦手な児童もイメージしやすくなるでしょう。文作りをした後，それぞれが作った文を交流し合います。1 時間の配当のため，重点的に復習する漢字を選ぶ，作文が進まない児童には友達が作った文を写してもよいことにするなどの対応を考えます。

◉ 評 価 規 準 ◉

知識 及び 技能	第 5 学年までに配当されている漢字を書き，文や文章の中で使っている。
思考力，判断力，表現力等	「書くこと」において，書き表し方などに着目して，文や文章を整えている。
主体的に学習に取り組む態度	第 5 学年までに配当されている漢字を積極的に使い，学習課題に沿って出来事を説明する文章を書こうとしている。

◉ 学 習 指 導 計 画 　 全 1 時 間 ◉

次	時	学習活動	指導上の留意点
1	1	・5 年生までに学習した漢字を声に出して正しく読む。 ・教科書の絵を見て，テレビ局での様子や会話を想像する。 ・提示された言葉を使い，5 年生までに習った漢字を正しく用いて，例にならって見学したことを分かりやすく伝える文章を考えて書く。	・声に出してこれまでに学習した漢字を正しく読めるかどうかをペアでチェックし合う。間違えたり，正しく読めなかったりした漢字は，繰り返して読む練習をするように促す。 ・挿絵から自由に想像を膨らませ，分かりやすい文章を書かせる。

📀 **収録（イラスト，漢字カード）** ※本書 P80,81 に掲載しています。

漢字の広場 4

第 **1** 時 （1/1）

本時の目標
第5学年で学習した漢字を使って，テレビ局で見学したことを家の人に分かりやすく伝える文章を書くことができる。

授業のポイント
ペアやグループの人と挿絵からどのようなお話が想像できるかを話し合い，イメージを十分膨らませる。書く時間も十分取って，漢字の定着を図る。

本時の評価
与えられた語を用いて進んで文を書き，よりよい文となるよう整えることで，第5学年までに配当されている漢字に習熟しようとしている。

板書例

〈話す〉いきなり書くことには難しさを感じます。まずは，隣の人と挿絵を見ながらどんな話を創

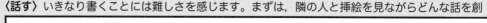

第五スタジオでは、ある政治家は、税金を上げることに賛成する主張を述べていました。考える番組の収録をしていました。

第四スタジオでは、クイズ番組の収録をしていました。最後の問題で正解し、一位のチームの成績を逆転するチームがありました。優勝賞品は、メロンでした。

第三スタジオでは、時代劇の収録をしていました。貧しい武士とその妻が質素な食事をする場面でした。かんとくが演技の指導をして、練習を何度もしていました。

第二スタジオでは、うたのショー番組の準備をしていました。ぶたいの設営をしたり、立ち位置を測って決めたりしていました。ディレクターさんが細かく指示を出していました。

※早く終わった児童に考えた文章を板書させる。

1 音読する　5年生の漢字を声に出して読もう。

「5年生までに習った漢字が出ています。ペアの人と読み方を確かめましょう。」

　5年生までに覚えられなかった児童，一度覚えたけれど忘れてしまった児童もいる。読みの段階から，丁寧に取り組ませる。

質素

「ぶし」，「まずしい」，「つま」，あれ，何て読むんだっけ…。

「質素」は「しっそ」って読むのよ。分からないときは，1つずつの漢字を見てごらん。

　「漢字の広場」は，1時間だけの配当なので，学習の流れを児童に覚えさせ，効率的に進めていく。

2 対話する　どのようなお話なのか，想像してみよう。

それぞれのスタジオの絵からどんなことが想像できますか。

第4スタジオは，場面が想像しやすいね。すぐに書けそうだよ。

第5スタジオは，税金に関する番組をしているね。漢字を手がかりにすると，文を思いついたわ。

　絵にどのようなものが出てくるかを簡単に確認していく。
　文章を書くための素材を見つける活動である。詳しく見ている児童の意見を広めたり，絵から想像できることを発表させたりして，文章にすることをできるだけたくさん見つけさせる。

・いろいろな番組の撮影をしているね。
・会議室では，打ち合わせをしているよ。

作できるかを話し合わせてみましょう。

漢字の広場4

め 五年生までに習った漢字を使って、テレビ局で見学したことを分かりやすく伝える文章を書こう

第一スタジオでは、報道番組の生放送をしていました。鉱物を外国から輸入する貿易にどれくらいの利益があるのか、国際情勢は今どのような状きょうにあるのかを分かりやすく解説されていました。

※※教科書 P162 の挿絵の拡大コピーを場面ごとに 6 枚に切り離して貼る。
イラストの上に漢字カードを貼る。児童が使用した漢字カードを移動する。

主体的・対話的で 深い学び

・イラストからお話を考えたり，想像を膨らませたりすることは，どの児童にとっても，楽しい活動となるだろう。想像を膨らませて，友達と考えたお話を交流することによって，文章作りがスムーズになる。

準備物

・教科書 P162 の挿絵の拡大コピー
（黒板掲示用イラスト DVD 収録【6下_07_01】）
・漢字カード DVD 収録【6下_07_02】

3 書く　見学したつもりで，家の人に分かりやすく伝える文章を書こう。

「それぞれのスタジオの絵から，どんなお話ができますか。テレビ局で見学したことを家の人に分かりやすく伝える文章を書きましょう。」

では，できるだけたくさんの漢字を使って，文章を書いていきましょう。

絵に描いてあることを使って文章を書くと，書きやすいよ。

よし，さっき山下さんと話したことを使って書いてみよう。

　なるべく文章を書く時間を確保する。
　困ったら隣や同じ班の友達に，アドバイスをもらったり，質問したりしてもよいことにする。
　早く終わった児童には，黒板に考えた文章を書かせる。

「出てきた漢字をできるだけ使っているか，家の人に分かりやすく伝わるように書かれているか，確かめましょう。」

4 交流する　書いた文章を交流しよう。

「出来上がった文章を声に出して読んでみましょう。」
　作った文章をペアやグループの人と読み合い，文章をよりよくするためにアドバイスし合い，交流させる。

それぞれに漢字を使う順番は違うけど，よく分かる文章が書けているね。

見学した順番がよく分かる書き方だね。

教えてもらったように，文章を書き直そう。

　時間が足りないことも考えられるため，グループの中でノートを回す，グループの中でおすすめの文章を 1 つずつ紹介するなどの工夫もする。時間があれば，全体でいくつか作った文章を発表させるとよい。

輸入	複数	利益	報道	準備	指示
提案	鉱物	貿易	解説	設営	正解
逆転	成績	指導	税金	賞品	資料
演技	質素	武士	主張	賛成	測る
番組制作	国際情勢	述べる	政治家	貧しい	妻

狂言　柿山伏／「柿山伏」について

全授業時間4時間

◉ 指導目標 ◉

・親しみやすい古典芸能の文章を音読するなどして，言葉の響きやリズムに親しむことができる。
・古典について解説した文章を読んだり作品の内容の大体を知ったりすることを通して，昔の人のものの見方や感じ方を知ることができる。
・人物像や物語などの全体像を具体的に想像したり，表現の効果を考えたりすることができる。

◉ 指導にあたって ◉

①　教材について

　　教材「古典芸能の世界」で4つの演劇（狂言，能，歌舞伎，人形浄瑠璃）の特徴に触れてきました。その中で「狂言　柿山伏」は，話の展開が分かりやすく，児童にとって非常に親しみやすい教材です。山伏と柿主の愉快な掛け合い，狂言独特の言い回しや表現などを感じることができるでしょう。また，「柿山伏について」では，狂言を通じて昔の人と現在の人のものの見方・感じ方の共通点や相違点，わたしたちへのメッセージなどを知ることができます。

②　主体的・対話的で深い学びのために

　　本単元の学習課題は「伝統文化である狂言を楽しみ，音読劇をしよう」です。まずは，狂言「柿山伏」を音声で実際に聞き，感想や印象に残ったところを交流します。次に，柿山伏を音読し，内容の理解を目指します。その際，どの部分にこの作品の面白さがあるのかを共有するようにします。次に，音読劇の発表に向けてグループごとに音読劇の役割分担を決め，練習をします。グループによって表現の仕方や解釈の違いも出てくるでしょう。グループ内で互いに話し合い，アドバイスし合いながら劇を完成させていきます。セリフに合った動作を付けてみたり，役になり切って演じさせたりしてもよいでしょう。音読劇の発表では，感想を交流したり，工夫しているところを見つけ合ったりします。

知識及び技能	・親しみやすい古典芸能の文章を音読するなどして，言葉の響きやリズムに親しんでいる。 ・古典について解説した文章を読んだり作品の内容の大体を知ったりすることを通して，昔の人のものの見方や感じ方についての知識を得ている。
思考力，判断力，表現力等	「読むこと」において，人物像や物語などの全体像を具体的に想像したり，表現の効果を考えたりしている。
主体的に学習に取り組む態度	狂言や昔の人のものの見方・考え方への理解を進んで深め，今までの学習をいかして「柿山伏」を音読しようとしている。

◉ 学習指導計画　全4時間 ◉

次	時	学習活動	指導上の留意点
1	1	・学習の見通しをもつ。 ・P163で，題名やリード文，写真から狂言についてのイメージを広げる。 ・「狂言　柿山伏」の朗読ＣＤを聞き，関心をもった点や疑問点などを交流する。 ・「伝統文化である狂言を楽しみ，音読劇をしよう」という学習課題を設定し，学習計画を立てる。	・これまでに学習してきた伝統芸能を振り返り，狂言に関心がもてるようにする。音声ＣＤや動画などを見て，作品を味わうことができるようにする。
2	2	・「狂言　柿山伏」を音読し，独特の表現と話の筋を理解する。 ・「『柿山伏』について」を読み，理解を深めるとともに，昔の人のものの見方や感じ方を知る。 ・狂言の面白さについて考える。	・NHK for Schoolなどの動画を活用して分かりやすく内容の面白さを伝えるようにする。 ・「『柿山伏』について」を読み，作品の面白さについてそれぞれの感じたことを交流する場を設定する。
	3	・グループで役割を決め，音読練習をする。 ・台詞に合ったふりを付けたり，演じたりしてもよい。	・互いに気づいたことを伝え合い，練習できる時間を確保する。
3	4	・音読の発表をし，学習を振り返る。 ・音読発表の感想を交流し，狂言や昔の人のものの見方・感じ方について，感じたことや考えたことをまとめる。	・発表を見る際に，鑑賞のポイントを示すようにする。 ・単元全体を振り返る時間を確保する。

DVD 収録（イラスト，児童用ワークシート見本）※本書 P92-93 に掲載しています。

本時の目標
伝統文化について概観し，学習課題を確認して，興味をもって学習に取り組もうとすることができる。

授業のポイント
これまでに学習してきた伝統芸能に触れ，狂言への関心を高めるようにする。音声 CD で作品を味わう。

本時の評価
伝統文化について概観し，学習課題を確認して，興味をもって学習に取り組もうとしている。

板書例

〈動画〉NHK for School に「柿山伏」の関連動画があります。（2020 年 12 月現在）。実際の動

「狂言 柿山伏」（かきやまぶし）

意 山にこもって，修行（しゅぎょう）をしているお坊さん，修験者（しゅげんじゃ）

・おいしく食べる話
・柿をもらう話
・ぬすむのでは？

※児童の発言を板書する。

|学習課題|
伝統文化である狂言を楽しみ，音読劇をしよう

|学習計画|
① 学習計画を立てよう
② 「柿山伏」のおもしろさを見つけ，親しもう
③ 役割分担をして，音読劇の練習をしよう
④ 音読劇をしよう

---

1 振り返る 出し合う ── これまでに学習した伝統文化を思い出そう。

みなさんは，これまでにどんな伝統文化を学習してきましたか。国語や社会科の授業を思い出しましょう。

わたしたちの校区にある神社で毎年夏にあるお祭りも伝統文化じゃないかしら。

「古典芸能の世界」で歌舞伎，人形浄瑠璃，能，狂言について学習しました。

・短歌や俳句，あと万葉集なども学習しました。
　児童の意見を板書して，整理していく。挿絵などがあればあわせて黒板に貼るとよい。
「この中の狂言である『柿山伏』という題材を今日から学習していきます。題名からどんなお話か想像できますか。」
・柿を食べたり，あげたりするお話かな。
・「山伏」を調べると，「山にこもって，修行をしているお坊さん，修験者」と書いてありました。柿とお坊さんはどんな関係があるのかな。

2 聞く 交流する ── 「柿山伏」のCDを聞いて，感想を交流しよう。

「実際に，狂言『柿山伏』がどのような作品なのか，みんなで聞いてみましょう。後で面白かったことや気づいたことなどを発表してもらいます。」
　音声 CD を流し，教科書の本文と見比べながら，どのような内容かを確認していく。気になった表現や言葉にサイドラインを引かせておく。
「気づいたことや疑問に思ったことなど感想を交流しましょう。線を引いたところを見返して考えるといいですね。」

分からない言葉も多かったけど，話し方が独特で，面白いです。真似してみたくなりました。

「えいえい，やっとな」とか，「やい，やい…」といった今の時代にない表現のところです。どんな意味なのか知りたいです。

山伏が，からすやサルなど，動物の真似をするところがとても面白かったです。

画を観ることで作品を味わうことができます。

伝統文化を楽しもう

め 伝統文化を楽しむ計画を立てよう

・歌舞伎 ・能 ・人形浄瑠璃
◎狂言・・・室町文化 現在も親しまれる
・地域のお祭り など

※「歌舞伎」の写真を貼る。

※「柿山伏」の写真を貼る。

※地域のお祭りなどの写真を貼る。

主体的・対話的で深い学び

・児童から意見を出し合うことで，学習に対する意欲を高めることができる。児童の発言を大切にしながら学習計画を立て，単元の学習を進めていく。

準備物

・（黒板掲示用）写真（教科書の画像などを拡大コピー）
・（黒板掲示用）写真（地域のお祭りなどを拡大コピー）
・指導書付録 CD

3 計画する 学習課題をもとに，学習計画を立てよう。

「題名に『伝統文化を楽しもう』とあります。どのような学習活動を取り入れると，伝統文化を楽しむことができそうですか。」
・みんなで音読をしたらいいです。
・動物の真似をしたり，食べる真似をしたりするから，音読と劇を合わせたらどうかな。

では，音読劇をするために，どんな準備が必要か計画を立ててみましょう。

それぞれのグループがみんなの前で発表し，それをみんなで見たり聞いたりしたいです。

グループで役割分担を決めて，音読の練習をしたり，アドバイスをしたりする時間が欲しいです。

　4時間でできる内容にまとめていく。児童だけで決めにくい場合は，教師も提案する。

4 音読する 隣の人と声に出して読んでみよう。

「学習計画を立てることができました。それでは，残りの時間で，隣の人と『柿山伏』を声に出して読んでみましょう。」

「これはいかなこと。今朝，宿を早々立ったれば…」なかなか表現が難しいね。今の言い方と全然違うけど，何となく分かるよ。

「…やっとな。さらば食びよう。さてもさてもうまい柿じゃ。…」おいしそうに音読するのが，まだまだだなあ。もっとすらすらと気持ちを込めて読めるようになりたいな。

「次の時間は，『柿山伏』のお話をもっと詳しく読み取っていきます。面白いところはどんなところかをみんなで見つけていきましょう。」

本時の目標

「柿山伏」や「『柿山伏』について」を読み，狂言の面白さについて考え，昔の人々のものの見方や感じ方を想像することができる。

授業のポイント

「柿山伏」を読み，表現や内容の面白さについて共有する。また，「『柿山伏』について」を通して，狂言がもつメッセージを知り，昔の人々のものの見方や感じ方を知ることができる。

本時の評価

「柿山伏」や「『柿山伏』について」を読み，狂言の面白さについて考え，昔の人々のものの見方や感じ方を想像しようとしている。

板書例

〈味わう〉話し方の面白さではなく，作品自体の面白さを味わうことを目指します。当時の人々の

〇狂言とは
・古典芸能＝心の財産
・だれもが経験しそうなこと
・ゆったり広い心、仲よく楽しく

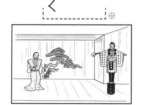
※

〇三つの場面分け
(1) 柿をぬすんて食べる
　　（166ページ下段9行目まて）
(2) 動物のまねをさせられる
　　（170ページ4行目まて）
(3) また柿主にやりこめられる（最後まで）

柿主　相手役…アド
・からかっている
・おこって当たり前
・ごまかそうと必死

※児童の発言を板書する。

---

1 音読する 調べる　「柿山伏」を音読し，分からない言葉を調べよう。

「教科書164ページには，狂言についての説明が書いてあります。どのようなことが書いてあるか，読んでみましょう。」
・主役を「シテ」，相手役を「アド」と言います。
・狂言は，様々な人物が起こす失敗や間違いを楽しく愉快に演じるものです。

では，隣同士で役割を決めて，音読しましょう。分からない言葉があったら，印をつけておきましょう。

「食びょう」っていう言い方は，「食べよう」の昔の言い方なんじゃないかな。

「奇特」とは，不思議な効き目という意味だそうよ。どんな効き目なんだろうね。

　横の（　）書きや，下段の説明で意味を確認し，分からない言葉で，教科書に説明が載っていないものは国語辞典を使って調べていく。

---

2 読む 交流する　登場人物の様子や場面について，読み取ろう。

「山伏について，分かることはどんなことですか。」
・修行僧だけど，いい加減な人だと思います。
・素直に言われたことをしています。
・自分がしたことを必死にごまかそうとしています。
「それに対して，柿主はどうですか。」
・山伏と分かっているのに，からかっています。
・大事な柿を取られて，怒っていると思います。
・からかうことができるのは，賢い人だと思います。

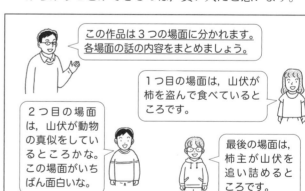

この作品は3つの場面に分かれます。各場面の話の内容をまとめましょう。

1つ目の場面は，山伏が柿を盗んで食べているところです。

2つ目の場面は，山伏が動物の真似をしているところかな。この場面がいちばん面白いな。

最後の場面は，柿主が山伏を追い詰めるところです。

願いや思いも想像しながら味わうようにします。

主体的・対話的で 深い学び

・「『柿山伏』について」を読むことで，新たな発見や考えを生み出すことができ，「狂言」についてさらに詳しく読み取ることができる。昔の人のものの見方や感じ方に触れ，今を生きるわたしたちとの共通点を見出し，「狂言」を身近なものとして感じられるようになるとよい。

準備物
・黒板掲示用イラスト **DVD** 収録【6下_08_01】
・黒板掲示用イラスト **DVD** 収録【6下_08_02】
・国語辞典

狂言 柿山伏
「柿山伏」について

め 「柿山伏」のおもしろさを見つけよう

狂言 さまざまな人物の失敗やまちがいを楽しく愉快に演じるもの

○登場人物
山伏 主役…シテ
・貝のかわりに口笛
・素直な人？

---

3 考える 書く　「狂言」がわたしたちに伝えたいことを読み取ろう。

「『柿山伏について』は，『狂言柿山伏』を詳しく解説した文章です。（教師が範読します）筆者は，狂言をどのようなものであると言っていますか。」

・古典芸能は，人々の心の財産である。
・人間はみな賢さも愚かさも同じように持っている。
・誰もが経験しそうな出来事を描いている。

「筆者の考えに対する自分の考えをノートに書きましょう。これまでの考えと変わったところがあれば書いておきましょう。」

> 誰もが経験しそうなことを面白おかしく表現することで，見る人の共感を得たのかな。失敗や間違いは，誰にでもあるからね。

> その時代は，柿はとても大切なものだったから，柿主は，ああやって山伏をこらしめようとしたのか。柿1個くらいと思ったけど時代が違うんだ。

---

4 交流する　作品の面白さを交流しよう。

「『柿山伏』の面白さについて，グループで交流しましょう。後で，全体に発表してもらいます。」

> 今の時代の人にも似ているところが面白いと思いました。わたしたちだって，必死でごまかそうとしてしまう部分があります。

> 最初は柿主が心の狭い人と思ったけど，柿の大切さを知ると，昔の人のものの見方が想像できるね。

> 狂言特有の独特な言い回しや表現の仕方が面白かったよ。

> 人間はみんな愚かさを持っていると思ったら，少し安心したよ。人にやさしくできるかもしれないね。

「どのような意見の交流ができたか，発表しましょう。」

・「柿山伏」は楽しくて愉快な話というだけではなく，見るわたしたちに生き方について考えるように教えてくれています。

本時の目標

人物像や物語などの全体像を具体的に想像したり，表現の効果を考えたりすることができる。

授業のポイント

グループごとに練習する時間を確保する。互いに気づいたことを交流することで，音読劇の表現がよりよくなる。

本時の評価

人物像や物語などの全体像を具体的に想像したり，表現の効果を考えたりしている。

板書例

〈相談〉役割や読み方の工夫，動作など，劇の相談をすることが大切です。動画の真似で終わらず，

役割分担をしよう

・山伏
・柿主

音読劇の工夫を考えよう

・読み方
・役割分担
・動作をつける

音読劇の練習をしよう

・グループ別で練習する

練習して気づいたことを伝え合おう

---

1 話し合う 音読劇に向けて，グループで相談しよう。

音読劇で，自分たちが演じたい場面を決めましょう。そして，どのような音読の仕方がよいか，どんな工夫ができるかを相談しましょう。

2の場面は，いろいろな表現が出来そうで面白そうだよ。

やっぱり，最後の場面で山伏と柿主のやりとりを楽しく演じたいな。

音読する場面は，前時に分けた3つの場面のうち，1つの場面を選ぶようにする。

「どんな音読の工夫ができそうですか。また，どんな分担がよいでしょう。」

・鳴き声の所はみんなで読むと面白いと思います。
・みんなが音読できるように，役割を決めて読むといいです。

「みんなで山伏と柿主の役割分担をしましょう。」

2 確かめる 読み方や動作の工夫を確かめよう。

「『柿山伏』の音読劇をするときに，気をつけたり，工夫したりすることは，どのようなことでしょうか。」

・恥ずかしがらずに，役になり切ることが大切です。
・（ ）の部分は動作をつけるようにします。

では，誰か最初の所をやってくれる人はいませんか。

貝をも持たぬ山伏が〜，貝をも持たぬ山伏が〜，道々うそをふこうよ。

木下くん，すごくうまいね。見直しちゃったよ。このあとの音読劇が楽しみだね。

「とても上手なお手本がいますね。木下くんに大きな拍手をしましょう。木下くんがお手本で示してくれたように，恥ずかしがらず狂言の世界を楽しみましょう。」

自分たちで話し合い，作り出すことを奨励します。

狂言　柿山伏（かきやまぶし）

め　おもしろさが伝わるように、音読劇に
向けての練習をしよう

音読劇をする場面を決めよう
① 山伏が柿をぬすんで食べる
② 山伏が動物のまねをさせられる
③ 山伏が柿主にやりこめられる

🔍 主体的・対話的で深い学び

・グループごとの練習を互いに見合うことで，表現の工夫に気づくことができる。また，上手な友達の真似をすることも良い学びとなる。グループで気づいたことを交流し，互いに高め合う練習ができるようにする。

準備物

・（黒板掲示用）イラスト（第2時と同じもの）

---

3 練習する　音読劇の練習をしよう。

「音読劇での自分の目標を設定しましょう。目標を考えて，ノートに書いておきましょう。」
　　　声の出し方や，動作など，どのような工夫をするのかを中心にめあてを書かせる。

「各グループで決めた場面の音読劇の練習をしましょう。お互いにどのようなことに気をつけるとうまくできるのか，考えながら活動しましょう。」

わたしは，柿主をするよ。怒っているけど，少し楽しみながらからかうように読んでみるよ。

みんなでやると楽しいね。

わたしは，山伏を担当するね。ここの部分は，ゆっくり読むようにするね。

---

4 交流する　練習して気づいたことを話し合おう。

「他のグループと練習を見合いましょう。そこから，表現の工夫のヒントを見つけましょう。」
・山根さんの「やっとな」の言い方が少しずつ変化しているね。真似してみよう。
・手島さんの動作が面白いね。見ている人も楽しむことができるよ。

　　　他のグループの練習を見て，気づいたことを交流する。

声の強弱や，ゆっくりしたり，速くしたりするといいね。

狂言は，人々の大切な心の財産だったね。仲良く楽しくやっていこうね。

木に登る時が分かるように，椅子を用意しておこう。

手や体を少し大げさに動かすとどうだろう。劇でやるみたいにすると，うまく伝わるんじゃないかな。

狂言 柿山伏／「柿山伏」について

第 **4** 時 （4/4）

本時の目標
狂言や昔の人のものの見方・感じ方への理解を進んで深め，今までの学習をいかして「柿山伏」を音読しようとすることができる。

授業のポイント
他のグループの発表を見たり，自分のグループが発表したりした感想を交流することで，伝統文化に親しむことを目指す。

本時の評価
狂言や昔の人のものの見方・感じ方への理解を進んで深め，今までの学習をいかして「柿山伏」を音読しようとしている。

板書例

〈振り返り〉「楽しかった」「難しかった」の感想で終わることのないよう，教師が振り返りの視点

発表の順番
②→③→⑧→①→⑤→④→⑦→⑥

感想を交流しよう
・声の出し方
・動作
・工夫しているところ

学習を通して感じたこと、考えたこと
・狂言が今の時代も人々に親しまれている理由
・他の伝統文化も知りたい
・ゆったりとした広い心、いたわり合うことの大切さ

※児童の発言を板書する。

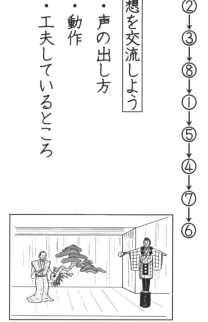

---

1 確かめる　音読劇に向けて，グループで確かめよう。

今日は，音読発表会をします。後で，自分や他のグループの発表について，感想を交流します。

音読劇の最終確認をして，本番を迎えよう。

休みの人がいた場合は，その人の分の役割をグループの人で補い合おう。

「音読劇の前に，練習時間を確保します。グループで最終調整をしましょう。音読劇の前に，自分たちが工夫したところ，特に見てほしいところなどを発表してもらうので，まとめておきましょう。」

　グループの練習に活用できるよう，ICレコーダーやタブレットパソコンを用意しておくとよい。録画や録音をすることで，自分の読み方や動作を確認しやすくなる。

2 鑑賞する　音読劇を鑑賞し合おう。

「これから音読劇の鑑賞会を行います。グループ毎に順番に発表してもらいます。見ている人は，後で感想を言ってもらうので，しっかり見ておきましょう。」

　順番は，代表がくじを引いたり，じゃんけんをしたりして決める。

「発表をするグループは，はじめに音読劇をする場面と，工夫したところなどを発表してください。」

わたしたちのグループは，2の場面の劇をします。工夫したところは，動作と読み方です。山伏がごまかそうと必死になっている姿を表現してみました。

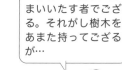
これはこの辺りに住まいいたす者でござる。それがし樹木をあまた持ってござるが…

そりゃ，見つけられたそうな。かくれずはなるまい。

「（音読劇が終わる）はい，大きな拍手をしましょう。音読劇を見た感想をノートに書いておきましょう。」

を伝えるようにしましょう。

音読劇をしよう
・グループごとに発表する
・それぞれのグループの発表を見て、感想をノートに書く（自分・友達）

め 音読劇をして、感想を交流しよう

狂言 柿山伏(かきやまぶし)

🔍 主体的・対話的で深い学び

・互いに練習した音読劇を交流し，見終わった後にグループで感想を伝え合う。それぞれの良さや工夫を見つけられるように，教師が細かい部分まで児童の頑張りを認めて褒めるようにするとよい。

準備物

・（黒板掲示用）イラスト（第2時，3時と同じもの）
・ワークシート
　（児童用ワークシート見本 DVD 収録【6下_08_03】）
・IC レコーダーやタブレットパソコン（必要であれば）

---

3 交流する　感想を交流しよう。

「音読劇をやってみて，自分たちの音読劇の感想と，他のグループの感想を交流しましょう。この後，全体で交流します。」

> 1班の「山伏」と「柿主」の掛け合いのテンポがものすごく上手だったね。

> ぼくたちのグループも声の出し方と動作を今まででいちばんうまくできたね。

> 2班は，狂言特有の言い回しを滑らかにリズムよく言っていたよ。きっと沢山練習したんだろうね。

> 木本さんが普段は恥ずかしがっていたけれど，本番で一生懸命頑張ってくれたからうまくいったよ。ありがとう。

「他のグループや自分のグループのよかったところや，工夫していたところを発表しましょう。」
・3班の坂本くんは表情も工夫していました。狂言の楽しさを感じることができました。

4 振り返る　単元を振り返り，感じたことや考えたことをまとめよう。
まとめ

「この単元全体を振り返って，学んだことや考えたことを学習のまとめとしてノートに書きましょう。『狂言柿山伏』という作品の面白さはどこにあったのかを振り返ったり，もっと知りたいと思うことなどを書いてみたりするといいですね。」
・失敗や間違いは誰もがすることで，今も昔も変わらないところに親しみを持てました。自分にも失敗はあるので，人の失敗を責めないようにしたいと思いました。

> 狂言の表現やリズムの面白さを感じることができました。今も狂言が人々に親しまれる理由が分かりました。

> 狂言を今回学習したけれど，他の伝統文化についても関心が高まりました。お家の人にも紹介したいです。

「機会があれば，他の狂言の作品を見たり聞いたりしてみましょう。狂言以外にも，日本にはたくさんの伝統文化や芸能があります。ぜひ，そのよさを味わってみましょう。」

黒板掲示用イラスト 第2・3・4時

狂言 柿山伏

狂言　柿山伏

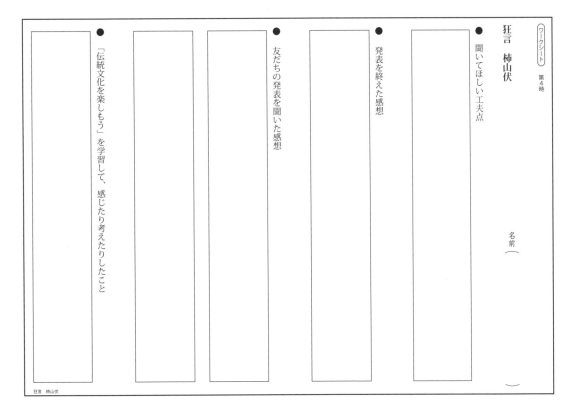

大切にしたい言葉

◉ 指 導 目 標 ◉

・目的や意図に応じて簡単に書いたり詳しく書いたりするとともに，事実と感想，意見とを区別して書いたりするなど，自分の考えが伝わるように書き表し方を工夫することができる。
・語感や言葉の使い方に対する感覚を意識して，語や語句を使うことができる。
・目的や意図に応じて，感じたことや考えたことなどから書くことを選び，伝えたいことを明確にすることができる。
・文章に対する感想や意見を伝え合い，自分の文章のよいところを見つけることができる。

◉ 指 導 に あ た っ て ◉

① 教材について

　　座右の銘とする言葉との出会いは，わたしたちの生活を明るくしたり，希望を与えたりすることがあります。スポーツ選手や著名人の言葉に勇気を与えられた経験がある児童もいることでしょう。この学習では，大切にしたい言葉と自分の感じたことや考えたことなどの経験とを結び付けて，文章にまとめていきます。

② 主体的・対話的で深い学びのために

　　第 1 次では，単元の導入として，スポーツ選手や著名人の名言を紹介し，「座右の銘」に対して関心を高めるようにします。また，「○組みんなの言葉文集を作成しよう」と学習のゴールを設定することで，児童の言葉や学習に対する意欲を高めることができるでしょう。

　　第 2 次では，それぞれが選んだ言葉についての文章構成を考えたり，下書きをしたりしていきます。互いに下書きを読み，アドバイスし合うことで，自分では気がつかなかった書き表し方に気づくことが期待できます。そのためにも，推敲していく際の観点を共有した上で，互いの文章を読み合うことが大切です。

　　第 3 次では，出来上がった文章を読み合い，感想を伝え合います。言葉に対する見方・考え方が育まれ，言葉に対する関心がさらに高まることが期待できます。

知識 及び 技能	語感や言葉の使い方に対する感覚を意識して，語や語句を使っている。
思考力，判断力，表現力等	・「書くこと」において，目的や意図に応じて，感じたことや考えたことなどから書くことを選び，伝えたいことを明確にしている。 ・「書くこと」において，目的や意図に応じて簡単に書いたり詳しく書いたりするとともに，事実と感想，意見とを区別して書いたりするなど，自分の考えが伝わるように書き表し方を工夫している。 ・「書くこと」において，文章に対する感想や意見を伝え合い，自分の文章のよいところを見つけている。
主体的に学習に取り組む態度	自分の考えが伝わるように書き表し方を粘り強く吟味し，見通しをもって大切にしたい言葉についての文章を書こうとしている。

◉ 学習指導計画　全6時間 ◉

次	時	学習活動	指導上の留意点
1	1	・学習の見通しをもつ。教科書P176のリード文やP8「五年生の学びを確かめよう」を読み，学習の進め方を確かめる。 ・「○組みんなの言葉文集を作成しよう」という学習課題を設定し，学習計画を立てる。 ・座右の銘にしたい言葉を決める。 ・選んだ言葉と，それに結び付く経験を思い出し，友達と話す。	・新聞や伝記，偉人に関する書籍などを事前に準備しておく。 ・学習課題をつかむ際に，ルーブリック評価を示し，目標を児童と共有するとよい。
2	2	・文章構成を考える。 ・字数を決め，「初め・中・終わり」にそれぞれ何を書くか，構成メモにまとめる。	・原稿用紙2枚程度の文字数を設定し，基本となる文章構成を確認する。
	3・4	・下書きをし，読み合って推敲する。 ・詳しく書くとよいところや，自分の考えを表すのにふさわしい言葉を吟味する。	・教科書P178の推敲するときのポイントを共通理解した上で，下書きを読み合い，アドバイスし合う。
	5	・書き表し方を工夫して清書する。	・アドバイスし合ったことをいかして，清書する。
3	6	・読み合って感想を伝え，単元を振り返る。 ・心を動かされた内容や表現について伝え合う。	・「ふりかえろう」で単元の学びを振り返るとともに，「たいせつ」「いかそう」で身につけた力を確かめる。

💿 収録（児童用ワークシート見本）※本書P99「準備物」欄に掲載しています。

大切にしたい言葉

第 1 時 （1/6）

本時の目標
学習課題を捉え，自分の経験と結び付けて紹介したい座右の銘を決めることができる。

授業のポイント
児童が座右の銘とする言葉を見つけやすいように，ことわざ辞典や四字熟語辞典，伝記などを事前に準備する。

本時の評価
学習課題を捉え，自分の経験と結び付けて紹介したい座右の銘を決めている。

〈言葉〉良質な言葉は人の心を育てます。児童が良質な言葉と出会うことができるように，教師は

板書例

学習課題
『〇組みんなの言葉文集』を作成しよう

学習計画
①自分の座右の銘となる言葉を見つけよう
②文章構成を考えよう
③下書きをしよう
④グループで読み合い，推敲(すいこう)しよう
⑤書き表し方を工夫して，清書しよう
⑥読み合って，感想を伝え合おう

---

1 知る 触れる　有名な人たちの言葉に触れよう。

スポーツ選手や著名人の名言を紹介する。誰の言葉か予想させると，児童の関心も高まる。

> イチロー選手は，「壁というのは，できる人にしかやってこない。超えられる可能性がある人にしかやってこない。だから，壁があるときはチャンスだと思っている。」と言っています。

> どうしてもしんどいことから逃げたくなるのに，イチロー選手はそうならないんだろうなあ。強い気持ちがあるんだなあ。

> さすが一流の人は，なるほどなあと思うことを言うなあ。

「このように，常に自分の心にとどめておき，戒めや励ましとする言葉を『座右の銘』と言います。『座右の銘』と聞いて，何か知っていることや聞いたことがある人はいますか。」

・お母さんが，「小さなことからコツコツと」という言葉を大切にしていると言っていました。
・お兄ちゃんは，四字熟語の「初志貫徹」をノートの表紙に書いています。

---

2 めあて つかむ　単元の学習課題をつかみ，学習計画を立てよう。

「この学習を通して，〇組のみんなの大切な言葉を紹介する文章を文集にまとめましょう。」
「では，どのように進めていくのか，学習計画を立てましょう。」

> 座右の銘について，それぞれが伝えていくためには，どのように学習を進めていくとよいでしょうか。

> 文章を構成して，下書きをします。下書きを読み合って，アドバイスし合う時間も作りたいな。

> まず，自分が大切にしたい座右の銘を見つけることが大切だと思います。その時間をまず作りたいです。

学習課題を提示し，教科書 P8 の「五年生の学びを確かめよう」や P176 の「学習の進め方」を確認する。P176 〜P180 を通読する。

主体的・対話的で深い学び

・著名な人の名言や児童の知っていることわざ，四字熟語などを紹介することで，児童の学習への入り方が変わってくる。

準備物

・イチロー選手，羽生結弦選手，メッシ選手などの名言
・新聞，ことわざ辞典，四字熟語辞典，伝記など

大切にしたい 言葉

㋲ 学習課題をとらえて、座右の銘を決めよう

※イチロー選手，羽生結弦選手，メッシ選手などの名言を掲示する。

座右の銘
常に自分の心にとどめておき、いましめや
はげましとする言葉

・四字熟語　・名言　・ことわざなど

---

3 見つける　自分の経験とつながる座右の銘を見つけよう。

「これから座右の銘にしたいと思う言葉を見つけましょう。
これまでにどのような言葉と出会ってきましたか。先生や
お家の人，有名な人の言葉やことわざ，四字熟語の中から
見つけてみましょう。」

　新聞，ことわざ辞典，四字熟語辞典や伝記などを準備して
おく。事前に児童に連絡しておき，資料となるものを持って
こさせてもよい。

> ぼくの所属する野球チームが「不撓不屈」という四字熟語を使っています。この６年間頑張ってきたことにつなげて，座右の銘にしようかな。

> ヘレンケラーの言葉に「はじめはとても難しいことも，続けていけば簡単になります。」という名言があります。ピアノを幼稚園から頑張ってきたことと何だかつながりそうだな。

　これまで頑張ってきたことや続けてきたことを振り返ることで，座右の銘も見つけやすくなる。

---

4 交流する　座右の銘にしたい言葉を決めよう。

「あなたが，これから座右の銘にしたいと思う大切な言葉は
見つかりましたか。まだ決められていない人も，交流を通
して，見つかるといいですね。」

> お母さんがよく使う「明日は明日の風が吹く」を座右の銘にしたいです。この言葉で苦しい時も…。

> わたしは，「初心忘るべからず」に決めました。いつもお父さんに言われる言葉だからです。

> 素敵な言葉だね。上野さんのお母さんは，前向きに物事を考えようとしているんだね。

> ぼくは，「七転八起」です。よく失敗するけど，そこには必ず学びがあるとお父さんに言われています。

「座右の銘にしたい言葉と自分の経験は結び付きましたか。
学習計画に沿って，その座右の銘を紹介する文章を構成し
ていきましょう。」

大切にしたい言葉

第 ② 時 （2/6）

本時の目標
字数を決め、「初め・中・終わり」にそれぞれ何を書くか、構成メモにまとめることができる。

授業のポイント
「初め・中・終わり」にそれぞれどのようなことを書くのかを検討し、話し合ったことを基に、構成メモを作成する。

本時の評価
字数を決め、「初め・中・終わり」にそれぞれ何を書くか、構成メモにまとめようとしている。

板書例

〈構成メモ〉三段構成の文章の構成メモを書きます。書きたいことを書き出し、順番を入れ替えた

終わり	中	初め	構成メモ
・今後、自分の生活をどうしていきたいか	・自分の経験とつながるエピソード （例）・以前の自分 ・変わった自分	・自分が選んだ座右の銘 ・選んだ理由	
100 〜 150字	500 〜 600字	100 〜 150字	

---

1 考える　書きたいことを考えよう。

「前の時間に、わたしたちは、それぞれが座右の銘にする言葉を決めました。今日は、座右の銘を伝える文章の構成を考えます。」

座右の銘を伝えるには、どのような内容があるとよいでしょうか。

わたしは、文章を書くときに、座右の銘を選んだ理由があるといいと思いました。その理由にいちばん興味があるからです。

座右の銘と自分の経験を結び付けるエピソードがあるといいです。

　どのようなことを書くといいか、児童と一緒に考えていく。ここで出された意見を展開2の「文章構成」にいかす。

「今、みなさんから出てきた書きたいことを組み立てて、文章の構成メモを作っていきましょう。」

2 整理する　文章の構成を考えよう。

「学習課題で『「○組みんなの言葉文集」を作成しよう』と決めました。そのために、文章を原稿用紙2枚分の800字程度にまとめましょう。『初め・中・終わり』の字数配分をどうしたらよいでしょうか。」

・「初め」と「終わり」は、100 〜 150字くらいでいいと思います。できるだけ、「中」の部分に字数を残しておきたいです。

・いちばん書く字数が多いのは、「中」の部分になるね。そうすると、最大600字程度になるのかな。

「では、文章の構成を考えましょう。」

先ほど出てきた書きたいことを「初め・中・終わり」の3つに整理してみましょう。

「中」に自分の経験が入ります。

「中」は詳しく書いた方が読む人に伝わります。

「初め」に自分が選んだ座右の銘とその理由が入ります。

「終わり」に今後に向けての思いを書くといいです。

り，内容を見直したりして書く内容を構成します。

大切にしたい 言葉

め 文章の構成メモを作ろう

学習計画
①自分の座右の銘となる言葉を見つけよう
◎②文章構成を考えよう
③下書きをしよう
④グループで読み合い、推敲しよう
⑤書き表し方を工夫して、清書しよう
⑥読み合って、感想を伝え合おう

 主体的・対話的で深い学び

・どのような内容を書くのか，字数配分はどうするのかを，児童と一緒に検討することで，文章構成のイメージを膨らませる。また，グループで構成メモを交流することで，書く内容が明確になる。

準備物

・ワークシート「構成メモ」
（児童用ワークシート見本  収録【6下_09_01】）

---

3 書く　構成メモを作成しよう。

「みんなで考えた文章の構成を基に，自分が決めた座右の銘を紹介する文章の構成メモを作成しましょう。」

メモだから，短くまとめて書いておくといいね。特に，「中」の部分は書く内容がいくつかになるから，その順番も考えた方がいいね。

わたしは，「中」の構成は，それまでの自分，言葉との出会い，変わった自分にしようかな。そうすると，読む人に自分が大切にしている理由が詳しく伝わると思うな。

　構成メモを書くことを難しく感じる児童には，先に P179 の完成イメージを見せる。文章構成を捉えることで，メモがしやすくなる。
　書く時間をできるだけ確保する。

---

4 交流する　構成メモを交流しよう。

「それぞれが書いた構成メモをグループの人と読み合って，交流しましょう。アドバイスし合って，よりよい構成メモにしていきましょう。」

森本さんの「中」の部分をもう少し詳しく書いたらどうかな。いつ，どんなことがあったの？

3年生のときに担任の先生が言ってくれた言葉に勇気づけられたの。ああ，あの時のことを詳しく書いたらいいんだね。

その言葉を言われる前と言われた後でどう変わったかをできるだけ細かく書いたらどうだろう。

「中」を詳しく書くことで，それぞれの伝えたいことがよく分かるね。早くみんなの文章が読みたいな。

　構成メモが途中の状態でも構わない。グループで交流することを通して，構成メモを仕上げるとよい。

大切にしたい言葉

第 3,4 時 （3,4/6）

本時の目標

自分の考えが伝わるように書き表し方を粘り強く吟味し，見通しをもって大切にしたい言葉についての文章を書くことができる。

授業のポイント

構成メモを基にして，下書きをする。推敲するときのポイントを基に，下書きした互いの文章を読み合う。

本時の評価

自分の考えが伝わるように書き表し方を粘り強く吟味し，見通しをもって大切にしたい言葉についての文章を書こうとしている。

板書例

〈書く〉一文を 15 字前後にすると読みやすい文になります。句点は多くするようにします。句点

推敲するときのポイント

文章をよくしようと何度も考え，作り直すこと

・読みにくいところ，分かりにくいところはないか
・くわしく書くとよいところはどこか
・簡単に書くとよいところはどこか
・考えや感じたことにぴったりの言葉かどうか

終わり	中
・今後、自分の生活をどうしていきたいか	・自分の経験とつながるエピソード （例）・以前の自分 ・変わった自分
100 〜 150 字	500 〜 600 字

---

1 確認する　詳しく書くところについて話し合おう。

（第 3 時）

「前の時間に，それぞれが座右の銘を伝える文章の構成メモを作成しましたね。」

構成メモの中で，「中」の部分をどのようにして詳しく書いていきますか。

わたしは，そのときの状況が伝わりやすいように，先生に言われたことを「　」で詳しく紹介しようと考えています。

ぼくは，エピソードを詳しく書こうと思っています。

　「中」の部分で，座右の銘と結び付く自分の経験について詳しく書くことを意識させる。その際，数名の児童の構成メモをテレビに映して，確認してもよい。

「構成メモを基に，下書きを書いていきましょう。」

---

2 書く　構成メモを使って下書きしよう。

詳しく伝えたいことを意識して，座右の銘を伝える文章の下書きをしましょう。

「中」の部分に，自分が考えたことやそのときの気持ちも詳しく書くようにしたいな。

構成メモに書いたことを順番に書いていくよ。教科書 P179 の文も参考にしながら，文章を書いていこう。

　下書きをするときは，清書と同じ用紙にする。（推敲した後，清書しやすくするため）

　書くことに抵抗を感じている児童には，まず話しながらどのようなことを伝えたいかをイメージさせる。その後，文章を書くと抵抗感が少なくなる。

　書く時間をできるだけ確保する。時間がかかりそうなら，家庭学習で下書きをしてくることもよしとする。

の数を友達と競わせて意識するのもよいでしょう。

大切にしたい 言葉

㊲ 構成メモを使って下書きした文章を読み合って、推敲しよう

構成メモ

初め	・自分が選んだ座右の銘 ・選んだ理由
	100〜150字

🔍 主体的・対話的で深い学び

・互いの文章を推敲することによって、読み手として文章を見直すことと、書き手として文章を見直すことができる。文章の内容と質を高めることが期待できる。

準備物

・前時で作成した構成メモ
・原稿用紙（下書き用）

---

3 （第4時）
確かめる 推敲の仕方を確かめよう。

「推敲とは、どのようなことでしょうか。」
・文章を書き直していくことです。
・文章を読み合って、アドバイスすることです。

「推敲とは、『文章をよくしようと何度も考え、作り直すこと』です。互いに下書きを読み合い、推敲していきます。そのときに意識することは何ですか。」

全部赤で直してばかりだと、相手が嫌な気持ちになってしまうよ。文章が長いところを分けるようにアドバイスしたり、誤字脱字を教えてあげたりするといいと思います。

感じたことにぴったりの言葉かどうか考えます。教科書P307〜308の「言葉の宝箱」も参考にしたいです。ぴったりの言葉が見つかるかもしれません。

教科書P178を参考にして、推敲するときに気をつけることを共通理解する。

4
交流する 下書きを読み合って推敲しよう。

「それぞれが書いた下書きをグループの人と読み合い、推敲しましょう。アドバイスし合って、よりよい文章にしていきましょう。」

この文は長すぎるから、2つの文に分けると伝わりやすいよ。そうすると読みやすいね。

この言葉は誰が、誰に言ったものかな。主語を明確にした方が、読み手に分かりやすいよ。

「すごい」という表現よりも、「圧倒された」という言葉に変えた方がぴったりになるんじゃないかな。

「言葉の宝箱」を見てみると、自分が伝えたい気持ちを表す言葉があったよ。

グループで交流して、推敲し合ったことを見直したり、修正したりして、次時の清書に取り組めるようにする。

大切にしたい言葉

第 5,6 時 （5,6/6）

本時の目標
書いた文章に対する感想や意見を伝え合い，相手や自分の文章のよいところを見つけることができる。

授業のポイント
前時に推敲し合ったものを基に，清書していく。清書したものを読み合い，感想を伝え合う。

本時の評価
書いた文章に対する感想や意見を伝え合い，相手や自分の文章のよいところを見つけようとしている。

板書例

〈作品紹介〉単元の学習が終わったら，作品を校内の様々な場所に展示して，児童の心に良質な言

学習の流れ

① グループで清書を読み合う

② 心を動かされた内容や表現の感想を伝える
・共感できるところ
・なるほどなあと思ったところ
　付せんに書いて，はる　←

③ 読み終わったら，時計回りに回す

④ 学習のふり返りをする

◎⑤ 書き表し方を工夫して，清書しよう

◎⑥ 読み合って，感想を伝え合おう

---

1 書く （第5時）　推敲した下書きを基に，清書しよう。

推敲し合った下書きを使って，清書しましょう。

竹田さんが前の時間に，わたしの文章を細かく丁寧にチェックしてくれたよ。清書でよい文章に仕上げたいな。

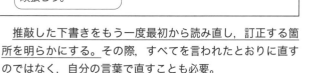
ぼくは，書くのが苦手だったけど，みんなと推敲して文章を書くのが少し楽しみになったよ。清書を頑張ろう。

推敲した下書きをもう一度最初から読み直し，訂正する箇所を明らかにする。その際，すべてを言われたとおりに直すのではなく，自分の言葉で直すことも必要。

文集にまとめ，多くの人の目にさらすことになる。丁寧な字で書くことができるよう，できるだけ時間を確保する。

---

2 確かめる （第6時）　学習の流れを確かめよう。

「清書した文章をグループで読み合って，心を動かされた内容や表現について伝え合いましょう。」

「心を動かされる」とは，どういうことでしょうか。

自分もそう思うこと，共感することです。

自分では思いつかなかったけど，「なるほどなあ」とか「そう言われるとそうだ」と思うことだと思います。

「付箋に感じたことを書きます。書いた付箋は，友達の原稿用紙に貼りましょう。原稿用紙は，時計回りに回します。自分の手元に自分の原稿が回ってきたら終わりです。そのグループから振り返りをしていきましょう。」

学習の流れを確認してから，互いの作品を読み合う活動に入っていく。

大切にしたい 言葉

め 清書した文章を読み合って、感想を
伝え合おう

学習計画

① 自分の座右の銘（めい）となる言葉を見つけよう
② 文章構成を考えよう
③ 下書きをしよう
④ グループで読み合い、推敲（すいこう）しよう

🔍 主体的・対話的で深い学び

・互いの文章を読み合うことによって，共感したり，新たな気づきや発見ができたりする。互いによいところを伝え合うことで，さらに書くことへの学習意欲が高まる。

準備物

・前時に書いた下書き
・原稿用紙（清書用）
・付箋

---

3 交流する　互いに座右の銘について伝える文章を読み合おう。

「それでは，グループの友達と文章を交換して読み合いましょう。心を動かされた内容や表現について感想を付箋に書いて，貼りましょう。」

　　読むのに時間がかかる児童もいる。なるべく時間を確保する。

山城さんの「実るほど頭の下がる稲穂かな」のエピソードに共感しました。立派な人ほどそういう姿勢を大切にしているんだね。

坂下さんは，「温故知新」を大切にしているんだね。歴史好きなところから，いろいろと学びを広げているんだね。

横山さんの「学問に王道なし」という言葉に，はっとしたよ。だから，コツコツと努力しているんだね。

石井さんの「百聞は一見にしかず」は間違いないね。わたしもよくそう思うよ。

---

4 振り返る　学習したことを振り返ろう。

「この学習を通して，どのような力が身につきましたか。できるようになったこと，考えたことなどをノートに書きましょう。」

　　教科書 P180 の「たいせつ」，「いかそう」を確認させ，「ふりかえろう」の「知る」，「書く」，「つなぐ」の3つの項目について，振り返らせる。

文章を書くことにこれまでなかなか前向きになれませんでした。でも，今回は自分の伝えたいこともあって，書くことができました。友達のおかげで文章もうまく書けました。

友達と下書きを読み合ったことで，文章をよりよくすることができました。推敲することが大切だと分かりました。これから文章を書くときには，自分で推敲できるようになりたいです。

　　ペアやグループの友達と振り返りを交流させる。
「みんなで作った文集をこれからも大切にしましょう。友達の言葉がいつか自分を励ましたり，勇気づけたりしてくれるはずですよ。」

漢字の広場5

◉ 指導目標 ◉

・第5学年までに配当されている漢字を書き，文や文章の中で使うことができる。
・書き表し方などに着目して，文や文章を整えることができる。

◉ 指導にあたって ◉

①　教材について

　　商店街の通りやお店などの中の様子について，それぞれの場面で，どのようなことをしているのか，どのような会話が想像できるのかを手掛かりにして，文章作りをします。絵から想像を膨らませるという，どの児童にも書きやすい内容になっています。これまでに学習した漢字を想起しやすいとともに，楽しく漢字の復習ができる教材となっています。

②　主体的・対話的で深い学びのために

　　この学習では，「会話も想像して文章の中に入れる」という条件がついています。児童にとっては，条件がある方が書きやすくなるでしょう。文作りの前に，「どのようなお話が想像できますか」と問いかけ，自由にお話を想像する活動を取り入れるとよいでしょう。そうすることで，文作りが苦手な児童もイメージしやすくなるでしょう。文作りをした後，それぞれが作った文を交流し合います。1時間の配当のため，重点的に復習する漢字を選ぶ，作文が進まない児童には友達が作った文を写してもよいことにするなどの対応を考えます。

知識 及び 技能	第5学年までに配当されている漢字を書き，文や文章の中で使っている。
思考力，判断力，表現力等	「書くこと」において，書き表し方などに着目して，文や文章を整えている。
主体的に学習に取り組む態度	第5学年までに配当されている漢字を積極的に使い，学習課題に沿って出来事を説明する文章を書こうとしている。

● 学 習 指 導 計 画 　 全 1 時 間 ●

次	時	学習活動	指導上の留意点
1	1	・5年生までに学習した漢字を声に出して正しく読む。 ・教科書の絵を見て，商店街の様子や人々の会話を想像する。 ・提示された言葉を使い，5年生までに習った漢字を正しく用いて，例にならって商店街の様子を表す文章を書く。	・声に出してこれまでに学習した漢字を正しく読めるかどうかをペアでチェックし合う。間違えたり，正しく読めなかったりした漢字は，繰り返して読む練習をするように促す。 ・挿絵から自由に想像を膨らませ，分かりやすい文章を書かせる。

DVD **収録（イラスト，漢字カード）** ※本書 P108,109 に掲載しています。

本時の目標
第5学年で学習した漢字を使って，商店街の通りやお店の中の様子が分かるように，会話文を入れて文章を書くことができる。

授業のポイント
ペアやグループの人と挿絵からどのようなお話が想像できるかを話し合い，イメージを十分膨らませる。書く時間も十分取って，漢字の定着を図る。

本時の評価
与えられた語を用いて進んで文を書き，よりよい文となるよう整えることで，第5学年までに配当されている漢字に習熟しようとしている。

板書例

〈役割分担〉分量が多いため，分業してもおもしろいでしょう。グループで役割分担をすることで

眼科

眼科の 医師 が、

「cのマークの切れ目は、どちらを向いていますか。」

と、かん者さんにたずねています。

この目薬は、目のつかれによく 効 きます。

無事にけん血ができました。

けん血コーナー

けん血コーナーでは、 血液型 を調べてから、

血液を 採 ります。

「チクッとしますが、少しのしんぼうですよ。」

「分かりました。やさしくお願いします。」

百円ショップ

百円均一 のお店は、品ぞろえが

豊富 です。

消費税 こみなので、

価格 もやさしい設定になっています。

「この 小麦粉 をください。」

と女の子が、レジで会計をしようとしています。

※早く終わった児童に考えた文章を板書させる。

---

1 音読する　5年生の漢字を声に出して読もう。

「5年生までに習った漢字が出ています。ペアの人と読み方を確かめましょう。」

5年生までに覚えられなかった児童，一度覚えたけれど忘れてしまった児童もいる。読みの段階から，丁寧に取り組ませる。

右上の眼科の所から読んでいくよ。チェックしておいてね。「がんか」、「いし」、「きく」…。

完璧に読むことができているね。じゃあ、次はわたしの番ね。

「漢字の広場」は，1時間だけの配当なので，学習の流れを児童に覚えさせ，効率的に進めていく。

2 対話する　どのようなお話なのか，想像してみよう。

それぞれのお店がどんな様子なのか、絵から想像できますか。

お弁当屋さんでは、お客さんの注文したお弁当を作ろうとしているよ。

ギャラリーには、版画の作品が飾られていて、それを多くの人が見に来ています。

絵にどのようなものが出てくるかを簡単に確認していく。
文章を書くための素材を見つける活動である。詳しく見ている児童の意見を広めたり，絵から想像できることを発表させたりして，文章にすることをできるだけたくさん見つけさせる。

「どんな会話がされているかも想像しましょう。」
・弁当屋さんで，お店の人が，「300円です。」と言っています。

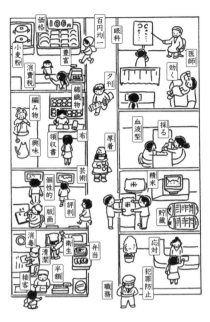

五年生までに習った漢字を使って、商店街の通りやお店の中の様子が分かる文章を書こう

漢字の広場３ め

※教科書 P181 の挿絵の拡大コピーを貼る。
　イラストの上に漢字カードを貼る。
　児童が使用した漢字カードを移動する。

🔍 主体的・対話的で深い学び

・イラストからお話を考えたり，想像を膨らませたりすることは，どの児童にとっても，楽しい活動となるだろう。想像を膨らませて，友達と考えたお話を交流することによって，文章作りがスムーズになる。

準備物

・教科書 P181 の挿絵の拡大コピー
　（黒板掲示用イラスト 📀 収録【6下_10_01】）
・漢字カード 📀 収録【6下_10_02】

3 書く　商店街の通りやお店の中の様子が分かる文章を書こう。

「商店街の通りやそれぞれのお店の中は，どんな様子ですか。会話文も想像して文章を書きましょう。」

　なるべく文章を書く時間を確保する。
　困ったら隣や同じ班の友達に，アドバイスをもらったり，質問したりしてもよいことにする。
　早く終わった児童には，黒板に考えた文章を書かせる。
「出てきた漢字を正しく使っているか，場面に合った会話文が入っているか，確かめましょう。」

4 交流する　書いた文章を交流しよう。

「出来上がった文章を声に出して読んでみましょう。」
　作った文章をペアやグループの人と読み合い，文章をよりよくするためにアドバイスし合い，交流させる。

　時間が足りないことも考えられるため，グループの中でノートを回す，グループの中でおすすめの文章を１つずつ紹介するなどの工夫もする。時間があれば，全体でいくつか作った文章を発表させるとよい。

厚着	興味	採る	効く	血液型	百円均一	豊富	犯罪防止
精米	眼科	夕刊	医師	布		価格	
		半額	衛生	職務	応対	評判	貯蔵
		清潔	弁当	接客	版画	消毒	芸術
		小麦粉	個性的	領収書	綿織物	編み物	消費税

冬のおとずれ

◉ 指導目標 ◉

・語句と語句との関係について理解し，語彙を豊かにするとともに，語感や言葉の使い方に対する感覚を意識して，語や語句を使うことができる。
・目的や意図に応じて，感じたことや考えたことなどから書くことを選び，伝えたいことを明確にすることができる。

◉ 指導にあたって ◉

① 教材について

　　日本の四季を豊かに表現する「二十四節気」の冬の 6 つの言葉と，冬を詠んだ俳句や短歌を紹介する教材です。児童が知っている「冬至」といった言葉の他にも，様々な言葉と出会うことができます。また，この教材を使って，冬のお便りを書きます。その際，時候の挨拶にも触れます。そこから，昔の人々の季節を大切にしてきた思いを感じるとともに，わたしたちの感じる冬を表現しようとするきっかけとなる教材です。

② 主体的・対話的で深い学びのために

　　第 1 時では，「冬」を表す言葉を知り，冬のイメージを広げます。イメージマップから見つけた言葉を基に，自分の地域の冬を感じるものを見つけていきます。紹介されている俳句や短歌 3 つを味わい，その感想を近くの人と伝え合います。友達と対話をすることで，新たな気づきや発見が生まれることが期待できます。

　　第 2 時では，冬のお便りを書きます。友達や家族，これまでお世話になった人など書く相手を決めて，時候のあいさつ文，自分が作った俳句を添えながら，お便りを書きます。その後，鑑賞と相互評価を同時に行うことで，より主体的な学びにつなげます。交流することで，自分では気づくことができなかった作品のよさや工夫を見つけることができるでしょう。

知識 及び 技能	語句と語句との関係について理解し，語彙を豊かにするとともに，語感や言葉の使い方に対する感覚を意識して，語や語句を使っている。
思考力，判断力，表現力等	「書くこと」において，目的や意図に応じて，感じたことや考えたことなどから書くことを選び，伝えたいことを明確にしている。
主体的に学習に取り組む態度	積極的に季節を表す語彙を豊かにし，意図に応じて言葉を吟味しながら手紙を書こうとしている。

● 学 習 指 導 計 画 　 全 2 時 間 ●

次	時	学習活動	指導上の留意点
1	1	・冬のイメージを広げる。 ・二十四節気の言葉の意味を確かめ，教科書の中の短歌や俳句を音読する。 ・自分が「冬」を感じる言葉を考える。	・「冬」という言葉から連想する言葉をイメージマップでまとめる。 ・紹介されている俳句，短歌のそれぞれの解説を用意しておく。
	2	・自分が住む地域の「冬」の様子に触れながら，友達や家族，お世話になった人へ手紙を書く。 ・互いの手紙を読み合い，学習を振り返る。 ・感想を伝え合い，「冬」を感じる言葉について，認識を広げたり深めたりする。	・冬のお便りを書く相手を決める。実際に送る相手としてふさわしい相手を選ばせる。 ・時候のあいさつ文を作成するのは難しいと考えられるため，あらかじめ教師が準備した文例から選んでもよいことにする。 ・グループでそれぞれのお便りを交流させる。

📀 収録（画像）

冬のおとずれ

第 ① 時 （1/2）

本時の目標
「冬」という言葉からイメージを膨らませ，冬に関する俳句や短歌を味わい，感想を交流することができる。

授業のポイント
「冬」という言葉から，イメージを広げる。二十四節気を知り，日本人の四季に対する奥ゆかしさを味わわせる。

本時の評価
「冬」という言葉からイメージを膨らませ，冬に関する俳句や短歌を味わい，感想を交流している。

〈イメージマップ〉イメージマップを使用して，地域の冬を表す言葉を見つけます。友達との交流

板書例

地域の冬を感じるもの
・甲子園浜のわたり鳥
・六甲おろし　・六甲山の雪
・福男選び（西宮神社）

※児童の発言を板書する。

二十四節気（冬）

立冬 りっとう	十一月七日ごろ
小雪 しょうせつ	十一月二十二日ごろ
大雪 たいせつ	十二月七日ごろ
冬至 とうじ	十二月二十二日ごろ
小寒 しょうかん	一月五日ごろ
大寒 だいかん	一月二十日ごろ

雪

スキー

※※

※※クラス全体の意見をまとめながら，「冬」から連想するイメージマップを作る。

1 想像する
「冬」という言葉から，イメージを広げよう。

「冬」という言葉から，どんなことを想像しますか。

冬と言えば，雪かな。毎年家族でスキーをしに行きます。

クリスマスが楽しみです。ケーキを食べたり，サンタクロースにプレゼントをもらったりできるからです。

　秋のときと同様に，冬といえばどのようなものをイメージするのかを個人で考える時間を取る。その際，ノートにイメージマップを書かせる。その後，全体でイメージマップに表していく。
「どのような言葉が見つかりましたか。」
　・こたつです。こたつがあると，すぐに入ってしまいます。
　・節分です。豆まきを家族でします。
　・雪だるまです。前に友達みんなと大きな雪だるまを作ったことがあります。

2 読む
冬の二十四節気の意味を捉えよう。

「これまでにも学習したように，日本には，古くから『二十四節気』というものがあります。暦の上で，季節を２４に区切って表す考え方です。そのうち６つが冬を表す言葉です。どのような言葉があるのか，調べてみましょう。」
　教科書Ｐ182，183を読んで確かめる。

日本には冬を表す言葉がこれだけ豊かにあるのですね。

冬至 立冬

立冬と冬至は，ぼくたちも知っている言葉だね。古くからの習わしも関連しているから知っているよ。

　教科書Ｐ182，183の解説を読んだり，自分の生活の中で冬を感じたことがあったかなどの感想を交流したりする。

を通して，言葉をさらに追加するのもよいでしょう。

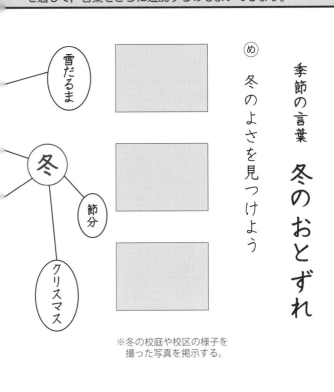

季節の言葉　冬のおとずれ

め　冬のよさを見つけよう

雪だるま

冬

節分

クリスマス

※冬の校庭や校区の様子を撮った写真を掲示する。

主体的・対話的で深い学び

・先人が詠んだ冬を表現する3つの俳句や短歌を読み，味わったことをグループで交流させる。そのような対話的な活動を取り入れ，日本人の四季に対する奥ゆかしさを味わわせる。

準備物

・冬の校庭や校区の様子を撮った写真
・冬の画像 [DVD] 収録【6下_11_01～6下_11_06】
・資料「二十四節気」
　（『季節の言葉　秋深し』で使用したもの [DVD] 収録【6下_01_18】）

---

3 味わう　冬を表す俳句や短歌を味わおう。

「冬を表現した俳句や短歌を音読しましょう。」
　　　教科書の3つの俳句や短歌を音読し，どのような景色を想像したか，感想を伝え合わせる。
　　　ノートに自分が気に入った句を視写させ，なぜそれを選んだのか理由も書かせる。
「どの作品が好きか，なぜそう思ったのかをグループの人と交流しましょう。」

ぼくは長谷川さんの作品が好きだなあ。冬は空気が澄んで，星がきれいなのを見たことがあるからです。

ぼくは，阿波野さんかな。グラタンにどんな具材が入っているのか，おいしそうに食べる家族を思い浮かべたよ。

わたしも長谷川さんがいいな。いちばんイメージがしやすいよ。

グループで交流後，全体で感想を交流する。

4 交流する　地域の冬を感じるものを出し合おう。

「3人の作者は，冬の情景を俳句や短歌で表現しました。わたしたちの住む地域の今の『冬』を感じるものをグループで交流しましょう。」

福男選びが有名だね。毎年お父さんがチャレンジしているよ。

わたしは，渡り鳥です。甲子園浜には冬になるとたくさんの野鳥がやってくるね。

六甲山に降る雪かな。寒い日は六甲山が白くなるのがよく分かるよ。

六甲おろしが有名だね。冬の乾いた風がとても冷たいね。

「グループで交流したことを出し合いましょう。」
・西宮神社の福男選びです。毎年，ニュースにも取り上げられています。
・甲子園浜には渡り鳥がたくさん来るよ。ロシアの方からもやってくるよ。
　　　児童から出てきた，地域の冬を感じるものを次時にいかす。

冬のおとずれ　113

冬のおとずれ

第 2 時 （2/2）

本時の目標
積極的に季節を表す語彙を豊かにし，意図に応じて言葉を吟味しながら手紙を書こうとすることができる。

授業のポイント
前時で考えた自分の地域の冬を感じる言葉を添えて，友達や家族，お世話になった人へ冬の便りを書かせる。

本時の評価
積極的に季節を表す語彙を豊かにし，意図に応じて言葉を吟味しながら手紙を書こうとしている。

板書例

〈相手意識〉実際に相手を決めて文章を書くとよいでしょう。相手意識をもつことで，内容にその

お便りを書いてみよう

① 時候のあいさつ文を決める
② 相手にメッセージを書く
③ 俳句・短歌をそえる（できれば）
④ グループで交流する

時候のあいさつ文例

・新年をむかえ，新たな気分でお過ごしのことと思います。
・初春にふさわしく，のどかな天気が続いています。
・本格的な寒さが身にしみるころ，かぜをひいていませんか。
・一年でいちばん寒さの厳しい時期，春の便りが待ち遠しいですね。
・梅のつぼみもふくらみかけてまいりました。

※冬のこの時期の挨拶文をいくつか掲示する。

---

1 決める　誰に手紙を書くのか，書く相手を決めよう。

「冬の便りを書きましょう。誰に書くか考えましょう。」
・もうすぐ6年生も終わるから，お母さんにしようかな。
・わたしはおばあちゃんにするわ。喜んでくれるかな。
・わたしは，毎朝登校のときに立ち番をしてくださった小谷さんにするよ。暑い日も寒い日もわたしたちのためにしてくれたからです。

冬の便りを書く相手が明確になると，気持ちを込めて書くことができる。ここでは，実際に冬の便りを書かせる。

「誰に書くのか，なぜその人に書くのかを隣の人と交流しましょう。」

ぼくは，友達の山口さんに感謝の手紙を書くことにしました。ぼくが困った時に，いつも相談にのったり，励ましてくれたりしたからです。

わたしは，お姉ちゃんにします。休みの日にバスケットボールの練習を一緒にしてくれたからです。そのおかげで選抜に選ばれたからです。

2 書く　時候の挨拶文を選んで書こう。

「お便りを書くときに，『時候の挨拶』というものがあります。季節を表す言葉を用いた短い挨拶文のことです。できる人は時候の挨拶を自分やグループの友達と考えて，作ってみましょう。」

グループごとに，事前に教師が用意した『時候のあいさつ文例』を配布する。

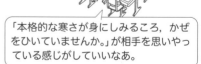

「梅のつぼみもふくらみかけてまいりました。」というのを使ってみるね。春を待っている感じが伝わるといいな。

「本格的な寒さが身にしみるころ，かぜをひいていませんか。」が相手を思いやっている感じがしていいなあ。

「時候の挨拶が決まったら，お便りに書いてみましょう。」
なるべく書く時間を確保する。

季節の言葉　冬のおとずれ

め　冬の便りを書こう

時候のあいさつ
季節を表す言葉を用いた短い
あいさつ文のこと

🔍 主体的・対話的で深い学び

・お便りを書く相手を設定することで，児童は意欲をもって活動に取り組めるようになる。
・友達の書いた手紙を読み合い，お互いの工夫しているところやよいところを伝え合わせ，認め合うようにする。

準備物

・冬の時候のあいさつ文例（班の数）
　（教師があらかじめ，定型のものだけでなく，身近な冬の様子から考えられる例文をいくつか準備しておくとよい）
・（黒板掲示用）「冬の時候のあいさつ文例」を拡大したもの
・資料「季語一覧」
　（『季節の言葉　秋深し』で使用したもの 📀 収録【6下_01_19】）

3 書く　自分の地域の冬を書いて，冬のお便りを書きましょう。

「『時候の挨拶』を書いたら，次は，書く相手のことを思って，メッセージを書きましょう。」
　・最近，どんなことをしているかを尋ねてみよう。
　・地域で見られる冬のことをまず紹介しよう。
　　　児童が相手に伝えたい内容を書くように指示する。書く時間は確保しておく。
「メッセージを書いたら，できる人は俳句や短歌をお便りに書きましょう。イラストを添えるともっといいですね。」

お兄ちゃん，喜んでくれるといいな。

岩﨑さんに直接伝えるのは照れくさいけど，気持ちを込めて書くよ。

4 交流する 振り返る　それぞれが書いた手紙を読み合おう。学習を振り返ろう。

　それぞれが書いたお便りを交流し，感想を述べたり，アドバイスし合ったりする時間を確保する。途中の段階でもよしとし，交流を通して作品を仕上げてもよい。

地域の甲子園浜の様子が詳しく書けているね。おばあちゃんも喜ぶよ。

最後の俳句がいい感じに仕上がったね。もらった岩永さんは嬉しいだろうなあ。

イラストを描いた方が，読む人はもっと喜ぶと思うよ。

自分が小学校で何を頑張っているのかを書くといいんじゃないかな。

「学習を通して，考えたことやできるようになったことを振り返りましょう。」
　　ノートに本時の学習の振り返りを書く。書き終わったら，発表させる。
　・友達のことを思いながら，書くことができました。喜んでくれると嬉しいです。

詩を朗読してしょうかいしよう

全授業時間 2 時間

◉ 指導目標 ◉

・自分が感じたことが伝わるように，詩を朗読することができる。
・日常的に読書に親しみ，読書が，自分の考えを広げることに役立つことに気づくことができる。
・詩の全体像を具体的に想像したり，表現の効果を考えたりすることができる。

◉ 指導にあたって ◉

① 教材について

　本単元では，「朗読」に重点が置かれています。朗読をする際には，その詩の全体像と特徴をとらえて，それを表現しようとすることが大切です。そのため，ただ読ませればよいのではなく，詩の構造を考える場面をしっかり作る必要があります。「〈ぽくぽく〉」は，反復法を多用しリズムを出しているという特徴があります。「動物たちの恐ろしい夢のなかに」は題名と同じ言葉が文中にもありますが，その後ろに付け加えられている一行が最も強調されている言葉といえるでしょう。ここを朗読でどう表現するかがポイントです。「うぐいす」は七五調の詩ですが，最後の一行「しん，とする」にだけ「、」が付けられています。これをどう朗読にいかすかで，静寂のイメージが変わってきます。このような詩の特徴を押さえたうえで，朗読のしかたを考えさせるとよいでしょう。

② 主体的・対話的で深い学びのために

　朗読は表現です。表現をするためには，たっぷりと読み味わうことを保障する必要があります。また，表現には表現したい相手が重要になってきます。自身の表現を受け止め，反応してくれる，その営みの中で成り立つものです。そのため，「お気に入りの詩」は，教科書の3つの詩から選んでもよいでしょう。同じ詩を読んできた仲間だからこそ，表現を受け止め，かえすことができます。この先，お気に入りの詩を見つけたときに，工夫をして朗読したくなるような体験がこの授業でできることを目指していきたいところです。

◉ 評価規準 ◉

知識 及び 技能	・自分が感じたことが伝わるように，詩を朗読している。 ・日常的に読書に親しみ，読書が，自分の考えを広げることに役立つことに気づいている。
思考力，判断力，表現力等	「読むこと」において，詩の全体像を具体的に想像したり，表現の効果を考えたりしている。
主体的に学習に取り組む態度	自分が感じたことが伝わるように進んで朗読のしかたを考え，今までの学習をいかして気に入った詩を紹介しようとしている。

◉ 学習指導計画　全 2 時間 ◉

次	時	学習活動	指導上の留意点
1	1	・「詩の楽しみ方を見つけよう」「詩を朗読してしょうかいしよう」という学習課題を知る。 ・〈ぽくぽく〉を読んで思ったことを交流する。 ・「動物たちの恐ろしい夢のなかに」を読んで思ったことを交流する。 ・「うぐいす」を読んで思ったことを交流する。	・朗読の意味を確認する。 ・それぞれの詩を読み，思ったことを交流する。 ・朗読するために読むのではなく，まずはしっかりと詩を読み，味わうことを保障する。
	2	・3つの詩の中からどれを朗読するかを選ぶ。 ・どのように読むかを書き込み，練習する。 ・グループで朗読を聞き合い，感想を交流する。 ・全体で朗読を聞き合う。	・工夫を書き込むときになぜその工夫なのか理由をあわせて書き込みさせる。 ・工夫が見つけられない場合は，全体で工夫の観点を確認する。 ・朗読はただ聞くのではなく，どんな工夫があるか，その工夫によりどんな効果があるのか考えながら聞かせたい。

※本書では，朗読のために，詩をしっかりと読み味わう時間を大切にしています。そのため，朗読する詩を教科書掲載の3つの詩から選ぶ授業展開としています。児童自身が見つけてきたお気に入りの詩があれば，朗読して紹介する時間を別で設けるなど，様々な詩に触れる機会を増やしてあげるとよいでしょう。

本時の目標

3つの詩を読み，自分の思ったことや考えたことを話し合うことができる。

授業のポイント

朗読するためには，詩をたっぷりと味わい，表現したい思いをもつことが大切である。1時間目は，詩を読み取る時間とする。

本時の評価

詩を読んで，自分の思いや考えをもち，友達と話し合っている。

板書例

〈読み取り〉朗読は表現です。次時の朗読の前にしっかりと詩を読み取って，自分が感じたことや

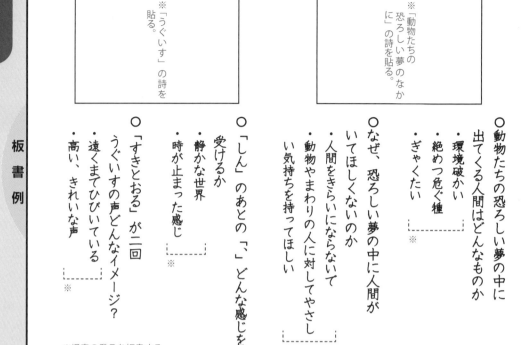

※「動物たちの恐ろしい夢のなかに」の詩を貼る。

○動物たちの恐ろしい夢の中に出てくる人間はどんなものか
・ぎゃくたい
・絶めつ危ぐ種
・環境破かい
　　　　※

○なぜ，恐ろしい夢の中に人間がいてほしくないのか
・人間をきらいにならないで
・動物やまわりの人に対してやさしい気持ちを持ってほしい
　　　　※

※「うぐいす」の詩を貼る。

○「すきとおる」が二回 うぐいすの声どんなイメージ？
・遠くまでひびいている
・高い，きれいな声
　　　　※

○「しん」のあとの「、」どんな感じを受けるか
・時が止まった感じ
・静かな世界
　　　　※

※児童の発言を板書する。

---

1 音読する 読み取る 「〈ぽくぽく〉」を読んで詩の特徴をとらえよう。

「これから3つの詩を読みます。それぞれの詩を読んで思ったことや考えたことを後で友達と交流してもらいます。まずは，『〈ぽくぽく〉』という詩です。」

「〈ぽくぽく〉」を音読し，思ったことを出し合う。

・「ぽくぽく」という音が繰り返されているね。

「ぽくぽく」という音があるときとないときでは，どんな違いを感じますか。

同じリズムだから，少しずつ，1つずつほぐされていくイメージだよ。

わたしは，ゆっくりと時が流れている感じを受けるよ。「ぽくぽく」の音だけが響いているような。

＜この詩での話し合いポイント＞
○「ぽくぽく」以外の部分の場面について
○「ぽくぽく」という音のあるなしでどんな違いを感じるか
○「ぽくぽく」という音はどんな音か

---

2 音読する 読み取る 「動物たちの恐ろしい夢のなかに」を読んで詩の特徴をとらえよう。

「次は，『動物たちの恐ろしい夢のなかに』です。」

動物たちの恐ろしい夢の中に出てくる人間はどんなものだと思いますか。

今まで可愛がっていたのに，自分の都合でペットを捨てる人間かな。

動物だけでなく，まわりの人や物を傷つける人間のことかな。

動物たちの住んでいる森を壊しているのかな。

・動物たちにとって人間が恐ろしい存在になってほしくないな。何だか悲しいな。

＜この詩での話し合いポイント＞
○「動物たちの恐ろしい夢のなかに」が題と本文の両方に出てきていること，そのことで「人間がいませんように」が強調されること
○なぜ恐ろしい夢の中に人間がいてほしくないのか
○動物たちの恐ろしい夢の中に出てくる人間はどんなものか

考えたことを友達と交流しましょう。

詩を朗読してしょうかいしよう

め　三つの詩を読んで、思ったことや考えたことを交流しよう

〈ぽくぽく〉の音のくり返し
○音があるときとないときのちがいは？
・少しずつ、一つずつ
・音がひびいている、静か
○どんな音？
・やさしい、ゆっくり

※〈ぽくぽく〉の詩を貼る。

🔍 主体的・対話的で深い学び

・朗読は表現である。表現するためには，その詩の全体像と特徴をとらえて詩の構造に出会わせる必要がある。そのため，朗読という最終的な形にこだわり焦って進めることなく，詩をたっぷりと読み，味わう時間を保障する。本時は，3つの詩の読み取りを行い，児童がいちばん気に入った詩を友達に紹介していく。その際に，なぜその詩を選んだのかという理由を必ず述べさせることが大切である。

準備物
・（黒板掲示用）詩の拡大コピー

3 音読する 想像する　「うぐいす」を読んで情景をイメージしよう。

「次は，『うぐいす』という詩です。」
　　音読して，思ったことや感じたことを出し合う。
・きれいな詩だね。空気が澄んだ朝の様子かな。
・うぐいすのきれいな声だけが響いているね。

「しん」の後に「、」がついているとどんな感じがしますか。

まわりがシーンとしていて，一瞬時が止まった感じを受けるよ。

読むときも「しん、」の後，一瞬息を止めてしまいそう。

＜この詩での話し合いポイント＞
○うぐいすの声に「すきとおる」という表現が使われていること，「すきとおる」のイメージ
○しんとするものが宇宙であるという大きさ
○「しん」の後の「、」でどんな感じを受けるか

4 対話する　自分の気に入った詩を隣の人に紹介しよう。

「この3つの詩の中で，どの詩がいちばん気に入りましたか。理由をあわせて隣の人に伝えましょう。」
　　本時では朗読を紹介する詩ではなく，読み取って，気に入った詩を選ぶ。理由もしっかり言わせることが大切である。その理由の中に，朗読で表現したいことが入っているはずである。

ぼくは「動物たちの…」です。理由は，動物が大好きだから，人間の都合で動物たちを不幸にしてほしくないと思ったからです。それを伝えたいと思いました。

わたしは「うぐいす」で，特に○○の部分が好きです。理由は，春の訪れを感じることができ清々しい気持になるからです。

　　時間があれば、数人の児童に全体で理由を発表させる。
「次の時間はみんなに詩を朗読してもらいます。詩に対する考えや思いを込めて朗読できるといいですね。」

本時の目標

自分の読みたい詩を選び，工夫をしながら朗読することができる。

授業のポイント

朗読の工夫を考えるときには，なぜその工夫をしたのか，理由を問うことを大事にする。

本時の評価

工夫をしながら朗読することができている。

板書例

〈朗読〉工夫しながら朗読をするうえで，なぜその工夫をしたのかという根拠をもたせ，表現の仕

朗読の工夫
・どんな声で
・声の大きさ
・強弱
・速さ
・間のとり方　など

学習の進め方
〇朗読の練習
　工夫をいかして朗読しよう
〇朗読発表会（グループ）
　友達に感想を伝えよう
　・どんな工夫を見つけたか
　・その工夫でどんな感じがしたか
〇朗読発表会（全体）
　グループの代表一人が発表
　・どんな工夫をしているか
　・工夫による効果
　・自分の工夫と比べる

---

1 めあて書く　朗読したい詩を選び，朗読の工夫を考えよう。

「今日はみんなに詩を朗読してもらいます。前の時間に学習した3つの詩の中から1つ自分が朗読したい詩を選びましょう。」
「その詩を朗読するのに，どんな朗読の仕方をするといいでしょう。どんな読み方をすると自分の思いや考えが聞いている人に伝わるか考えましょう。」

ノートに詩を書き写して，朗読の工夫を書き込みましょう。

一連と二連の間の時間をゆっくりととりたいな。

最後のところは願いを込めるような感じで読みたいな。

「どんな声で」「声の大きさ」「強弱」「速さ」「間のとり方」など工夫の観点をみんなで確認するとよい。なぜその工夫なのか，理由もあわせて書き込みさせる。

2 練習する　工夫をしながら朗読の練習をしよう。

「考えた工夫をいかして朗読の練習をしましょう。」

この「しん、」の後はどのくらい間を空けるといいかな。

最後の「花が…」は，心がほぐされてすっきりした感じかな。

時間を決めて各自で練習をさせる。

「朗読をしているうちに何か新たに分かったことや感じたことがあればノートに書いておきましょう。」
・「つめたさ」は，肌で感じるはずだけど「におわせて」となっているところが面白いな。耳からも肌からも鼻からも身体全部で春を感じ取っているんだ。
・＜ぽくぽく＞の詩のような経験は誰にでもあるのかな。そう思うと何だか気持ちが楽になるな。誰にでも苦しいことはあるけどそれを乗り越えていくんだね。

主体的・対話的で深い学び

・1時間目の読み取りの授業では気づかなかったことが，実際に朗読をしていく中で分かってくることもある。読みながら分かることも大切にしたい。また，朗読の工夫では，なぜその工夫をしたのかという根拠をもたせることが大切である。なぜその表現にしたのかをはっきりと説明できるようにする。自分の朗読の工夫に理由をもてることが，友達の朗読の工夫を見つけることにつながることになる。

準備物

・詩集など

詩を朗読してしょうかいしよう

め 自分で選んだ詩を工夫して朗読しよう

朗読したい詩を選ぼう

〈ぼくぼく〉
「動物たちの恐ろしい夢のなかに」
「うぐいす」

---

3 発表する（グループ） グループで朗読の発表をしよう。

「グループで朗読発表会をします。一人ずつ工夫をいかして朗読しましょう。」

「聞く人は，どんな工夫を見つけたのか，その工夫でどんな感じがしたのか，感想を伝えてもらいます。」
　・わたしが選んだ詩は「うぐいす」です。…
　　一人ずつ順番に朗読していき，感想を伝え合う。

やさしい囁くような声で，気持ちよく聞けました。静かな春の朝の情景が伝わりました。

中村さんは，「間のとり方」を工夫していたね。「しん、」の後の絶妙な間が良かったよ。ひきつけられたよ。

ありがとう。緊張して練習していたときより少し速くなってしまったけど，みんなに上手く伝わってよかったよ。

「では，全体で発表する人をグループから一人選びましょう。」

---

4 発表する（全体で） グループの代表の朗読を聞き合おう。

グループの代表が一人ずつ前で発表する。
「聞く視点」として，次の3点を確認する。
・どんな工夫をしているか見つける
・その工夫による効果を考える
・自分と同じ詩の場合は，自分の工夫と比べる

はじめの「ぽくぽく」と，後の「ぽくぽく」の言い方を変えていたね。

はじめの4行は少し暗い感じだけど，次の4行は徐々に明るくなっていったよ。

同じ詩でも表現の仕方で聞く側の印象はいろいろ変わってくるね。

「朗読の工夫で，みんな自分の感じたことや考えたことをうまく友達に伝えることができましたね。」
　授業の最後に詩集を紹介したり，学級文庫に詩集を入れたりするなど，今後も児童が詩に親しめるようにできるとよい。

仮名の由来

◎ 指導目標 ◎

・仮名の由来，特質などについて理解することができる。

◎ 指導にあたって ◎

①　教材について

　　もともと文字のなかった日本に伝わった漢字が，どのようにしてひらがな，カタカナに変化していったのか，その由来を学習します。また，漢字と仮名を使い分けたり，漢字と仮名を交ぜたりしている日本語の表記が，世界でも珍しく，非常に便利で合理的であることを体験します。普段使っている文字への理解と関心を高め，表現にも活用していくことができるよう設定された教材です。

②　主体的・対話的で深い学びのために

　　児童が主体的に学ぼうとする関心を高めるために，仮名当てクイズを行います。題材は，教科書の写真でも紹介されているお店の看板などの画像です。この文字は，「変体仮名」と呼ばれる文字です。話し合いを通して，なぜこのような文字が今も使われているのか，この文字がどのようなお店で使われているかについて，児童に考えさせると児童の学びは深まりを見せることでしょう。

◉ 評 価 規 準 ◉

知識 及び 技能	仮名の由来，特質などについて理解している。
主体的に学習に取り組む態度	進んで仮名の由来や特質に対する理解を深め，今までの学習をいかして適切に文字を読んだり書いたりしようとしている。

◉ 学 習 指 導 計 画　　全 1 時 間 ◉

次	時	学習活動	指導上の留意点
1	1	・仮名の由来を知り，日常的に使う文字に対する理解と関心を深める。 ・身のまわりの仮名について想起する。 ・P188 の一覧を見ながら，万葉仮名から平仮名・片仮名への変化について理解する。 ・「いかそう」を読み，学習を振り返る。	・児童の興味関心を引き出すために，仮名当てクイズをする。 ・P188 の表を参考に，平仮名を元の漢字に直して短い文を書く。書いた文章がどのような内容かを読み取るようにする。

📀 収録（「うなぎ」の看板画像）

仮名の由来

第 ① 時 （1/1）

本時の目標
平仮名や片仮名の由来や特質について理解することができる。

授業のポイント
児童の興味・関心を引き出すために、看板等の映像を使って「仮名当てクイズ」をする。

本時の評価
平仮名や片仮名の由来や特質について理解している。

板書例

〈ゲーム性〉学習ゲームを取り入れることで、児童の学習意欲が高まります。活動の説明を丁寧に

万葉仮名
・はる（春）→ 波留　・なつ（夏）→ 奈都
・あき（秋）→ 安吉　・ふゆ（冬）→ 布由

漢字の音を借りて表す工夫

万葉仮名
→ 片仮名　→ 平仮名

片仮名 … 万葉仮名の一部を取って書くところ

阿 → ア → ア

平仮名 … 万葉仮名をくずして生まれた

安 → あ → あ

・波波波加以太以 → ははははがいたい
　→ 母は歯が痛い
・安之太天无幾仁奈礼 → あしたてんきになれ
　→ 明日天気になれ

○仮名の由来を学んで気づいたこと、考えたこと
・平仮名と漢字があると分かりやすい
・特別な仮名 → 伝統を表す、インパクトがある

┌──────┐
│　　　　　│
└──────┘
※児童の発表を板書する。

---

1 めあて つかむ　仮名当てクイズをしよう。

「今からクイズをします。この2つの写真の文字は何と読むでしょうか。」

黒板に「うなぎ」→「おそば」の順で写真を貼る。

・これは平仮名かな？昔の文字みたいだね。

「ヒントは、どちらも食べ物屋さんです。」

なぜ、この文字を「うなぎ」と読むことができたのですか。

「う」と「ぎ」は読めたので「うなぎ」と思いました。真ん中の字もよく見ると、「な」に見えます。

もう1つの文字は難しいな。え！これで「おそば」と読むんだ。

「今日は、普段みんなが使っている平仮名と片仮名がどうやってできたか調べていきます。この不思議な文字の正体も分かりますよ。」

教科書P186〜P187を読み、「万葉仮名」や、仮名の由来について確認していく。

---

2 調べる　万葉仮名について調べよう。

「平仮名や片仮名は、万葉仮名からどう変化して生まれましたか。どうやって『あ』や『ア』になったか、書いてみましょう。」

・「あ」は「安」の字を崩して書いていきます。

・「安」を続けて書いていくと「あ」になるよ。

・「ア」は「阿」の「こざとへん」の部分の形を変えて生まれたんだね。面白いね。

188ページの表を見ると、平仮名、片仮名それぞれの元の漢字が分かりますよ。

「そ」と「ば」の元の漢字は「曽」と「波」だけど、この写真の字は違うね。どうしてかな？

「うなぎ」の「な」は「奈」を崩していった文字なんだね。

「楚」や「者」のように昔は多くの万葉仮名があり（変体仮名）、現在でもお店の看板等で使われていることを説明する。

して，学習ゲームの質を高めましょう。

・展開3で「万葉仮名を使って暗号ゲーム」をする際に，ゲームを通して，平仮名と片仮名の大切さに気づくように仕向けることが大切である。また，仮名の由来や万葉仮名を学習することで，日本語の表記の特徴を知り，もっとたくさんの特別な仮名を知りたい，他の国ではどうなのか等，児童の関心・意欲が生まれることを期待したい。

準備物

・黒板掲示用画像（うなぎ看板）DVD 収録【6下_13_01】
・（黒板掲示用）写真 （教科書の「うなぎ」「おそば」の画像を拡大コピー）

めあて 平仮名や片仮名の由来について調べよう

仮名の由来

見慣れない仮名
昔の仮名
特別な仮名

※「う奈ぎ」の写真を貼る。

う奈ぎ（うなぎ）

※「お楚者」の写真を貼る。

お楚者（おそば）

3 作る 対話する 万葉仮名で暗号ゲームをしよう。

「昔の人になったつもりで，万葉仮名を使って暗号ゲームをします。これ（波波波波加以太以）は何と書いてあるでしょう。隣の人と相談しましょう。」

・波が4つもあるよ。「はははは」だと変だね。
・最初は「母は」じゃないかな。

　同じように「安之太天无幾仁奈礼」の問題を皆で解いた後，各自が問題を作り，グループで解き合う。

わたしが作った問題です。「於寸之遠加以仁以久」を読んでみてください。

「加以仁以久」で「買いに行く」だ。

「於」は「お」でしょ。「寸」は「す」だから…「お寿司」だね。

佐藤さんの問題は，「お寿司を買いに行く」だね。

4 振り返る 交流する 仮名の由来を学んだ感想を伝え合おう。

「学習を通して，考えたことやできるようになったことを振り返りましょう。」

　ノートに本時の学習の振り返りを書き，発表する。

漢字ばかりだと分かりにくいし，平仮名だけでも伝わりません。だから，漢字と平仮名を両方使うようにしたいです。

日本は平仮名，片仮名，漢字，ローマ字といろいろな文字を使い分けています。他の国はどうなのか調べてみたいです。

・特別な仮名を使うのは，日本の伝統を受け継ごうとするからだと思いました。そばやうなぎは日本の文化だからです。
・どんなところで昔の文字が使われているか調べてみたいです。

メディアと人間社会／大切な人と深くつながるために
［資料］プログラミングで未来を創る

全授業時間 6 時間

◉ 指導目標 ◉

・文章を読んで理解したことに基づいて，自分の考えをまとめることができる。
・文章を読んでまとめた意見や感想を共有し，自分の考えを広げることができる。
・事実と感想，意見などとの関係を叙述を基に押さえ，文章全体の構成を捉えて要旨を把握することができる。
・文と文との接続の関係，文章の構成や展開について理解することができる。

◉ 指導にあたって ◉

① 教材について

　本教材は，これからの社会で大切なメディアとの付き合い方と，コミュニケーションによる人とのつながりについて説明しています。どちらも筆者の主張が分かりやすい文章です。題材も，高学年の児童にとっては，身近なものであり，自分の経験と重ねながら読みを進めることができるでしょう。
　本単元は，小学校生活最後の説明的文章の学習です。これまでの学習をいかして，筆者の主張や論の展開，表現の工夫を読み取ることができることが期待されます。

② 主体的・対話的で深い学びのために

　単元の導入部では，これからの社会へのイメージを膨らませることができるような写真や動画を見せるようにします。イメージをもたせてから，教材文と出会わせることで，目的をもって読むことができます。
　本単元では，対話的な活動を多く取り入れています。ペアでの対話や，意見の同異によって，少人数のグループを作っての話し合い，全体での討論など，様々な言語活動を行います。「これからの社会でどう生きていくか」を単元を貫く1つの柱として，それぞれの考えを尊重し合いながら話し合うことができるようにします。
　単元の終末部では，付箋を使ったグループでの話し合いを行います。それぞれの考えの共通点や差異点を意識しながら，意見を整理していきます。このような活動を通して，多面的に考え，新たな気づきや発見が生まれることでしょう。

◉ 評価規準 ◉

知識 及び 技能	文と文との接続の関係，文章の構成や展開について理解している。
思考力，判断力，表現力等	・「読むこと」において，事実と感想，意見などとの関係を叙述を基に押さえ，文章全体の構成を捉えて要旨を把握している。 ・「読むこと」において，文章を読んで理解したことに基づいて，自分の考えをまとめている。 ・「読むこと」において，文章を読んでまとめた意見や感想を共有し，自分の考えを広げている。
主体的に学習に取り組む態度	複数の文章を読んで自分の考えを広げることに粘り強く取り組み，学習課題に沿って互いの意見を交流しようとしている。

◉ 学習指導計画　全6時間 ◉

次	時	学習活動	指導上の留意点
1	1	・これからの社会で大切なことについて自分の考えをまとめる。 ・自分の考えと筆者の考えを比べながら2つの教材文を読み，感想を伝え合う。 ・学習課題を設定し，次時への見通しをもつ。	・これからの社会のイメージが膨らむような，写真や動画を提示する。 ・筆者の主張を確かめながら読ませる。
2	2	・筆者の主張や論の展開，表現の工夫を見つけながら「メディアと人間社会」を音読する。 ・要旨をまとめ，ペアで読み合う。 ・筆者の論の展開や表現の工夫について話し合う。 ・筆者の主張について，自分の考えを書く。	・筆者の主張には赤線，表現の工夫には青線を引かせる。 ・全体で中心文やキーワードを検討して，要旨をまとめられるようにする。
	3	・筆者の主張と論の展開や表現の工夫を見つけながら「大切な人と深くつながるために」を音読する。 ・筆者の主張が書かれた段落はどこかを考え，話し合う。 ・筆者の主張について，自分の考えを書く。	・筆者の主張には赤線，表現の工夫には青線を引かせる。 ・同じ段落を選んだ者同士で話し合い，考えを広げさせる。 ・筆者の主張が書かれた段落を検討する中で，論の展開や表現の工夫についても整理する。
	4	・2つの教材文を10点満点で評価し，その理由を書く。 ・選んだ理由を少人数で話し合う。 ・2つの教材文の共通点と異なる点を全体で話し合う。 ・感想をまとめる。	・2つの教材を10段階で評価することによって，詳しい理由を考えられるようにする。 ・筆者が作品に込めた思いを映像で確認し，感想をまとめさせる。
	5	・「プログラミングで未来を創る」を音読する。 ・自分の考えをまとめ，話し合う。 ・「これからの社会でどう生きていくか」について，自分の考えを書く。 ・書いた内容を読み合う。	・ラベリングやナンバリング，主張と事例など，書くときのポイントを確認してから書かせる。 ・それぞれが書いた文章を読み合い，コメントを入れさせる。
3	6	・「これからの社会でどう生きていくか」について，自分の考えを付箋に書く。 ・グループで話し合う。 ・話し合った内容を全体で発表し，感想をまとめる。	・付箋に自分の考えを書くときの注意点を確認してから書かせる。 ・それぞれの考えの共通点や異なる点を整理して，模造紙にまとめさせる。

💿 収録（児童用ワークシート見本）※本書 P131「準備物」欄に掲載しています。

メディアと人間社会／大切な人と深くつながるために　第①時　（1/6）

本時の目標
これからの社会を生きていく上で何が大切かについて自分の考えをもち，本文の内容を比べながら読むことができる。

授業のポイント
これからの社会と生き方について自分なりの考えをもたせ，学習の目的や見通しをもって2つの教材を読ませる。

本時の評価
これからの社会を生きていく上で何が大切かについて自分の考えをもち，本文の内容を比べながら読もうとしている。

板書例

〈目的や見通しをもって読む〉単元の導入部で自分の考えをもたせることで，学習の目的や見通し

「大切な人と深くつながるために」　鴻上（こうかみ）尚史（しょうじ）

「メディアと人間社会」　池上（いけがみ）彰（あきら）

～これまでの説明文の学習をいかして読み取ろう～

○これからの社会で大切なことって何だろう
・AI技術やメディアを上手に使うこと
・コミュニケーションをとることも大切にする

※児童の発言を板書する。

・少子高れい化が進む
・外国人も増える
・グローバル社会

※社会の変化が分かる写真を貼る。

※児童の発言を板書する。

---

1 つかむ　これからの社会で大切なことについて考え，発表しよう。

授業の開始とともに，メディアの発達や社会の変化が分かる写真や動画を見せて，これからの社会へのイメージを広げる。
・AIが生活の中のあらゆる場面で活躍しています。
・今よりもっと便利な世の中になりそう。

「これからの社会で大切だと思うことは，どのようなことでしょうか。『メディア』や『つながり』をキーワードにして考えましょう。」
　　自分の考えをもたせる。その後，全体で発表させる。

メディアを上手に使っていかないといけないと思うな。

AI技術が発達しても，人と人との会話を大切にしたいな。

2 読む・話し合う　「メディアと人間社会」を読み，感想をペアで話し合おう。

教科書 P189 のリード文を読み，教材文への関心を高める。
「先ほど考えた，これからの社会を生きていく上で大切なことと，筆者の考えとを比べながら読みましょう。」
・筆者は，どんな考えをもっているのだろう。
・自分の考えと比べながら読んでみよう。

「メディアと人間社会」を読んだ感想を書かせる。

「ペアの友達と，自分の考えを伝え合いましょう。」

メディアに何を求めているのかをはっきりさせることが大切だね。
こうやってメディアは進化していたことを初めて知ったよ。

をもって2つの教材を読み取ることができます。

```
┌─────────────────────────────────────┐
│                    メ          │
│ ┌──────┐         デ          │
│ │      │ ○     大ィ          │
│ │      │ こ     切ア          │
│ │      │ れ  め  なと          │
│ │      │ か     人人          │
│ └──────┘ ら  筆  と間          │
│ ※メディアの   の  者  深社          │
│  発達が      社  の  く会          │
│  分かる写真を  会  考  つ          │
│  貼る。         え  な          │
│           ・  を  が          │
│  ・  ・  も   A  読  る          │
│  も  メ  っ   I  み  た          │
│  っ  デ  と   が  取  め          │
│  と  ィ  便   活  り  に          │
│  便  ア  利   や  、            │
│  利  が  な   く  社            │
│  な  も  世   す  会            │
│  世  っ  の   る  と            │
│  の  と  中            生       │
│  中  発  に            き       │
│  に  達            き  方       │
│  な  す            方  に       │
│  る  る            に          │
│              つ            │
│              い  ※初めは空けておき、 │
│              て  展開4で板書する。 │
│              話            │
│              し            │
│              合            │
│              お            │
│              う            │
└─────────────────────────────────────┘
```

🔍 主体的・対話的で深い学び

- 単元の導入部で，メディアの発達や社会の変化が分かる写真を提示して，これからの社会へのイメージを膨らませる。
- これからの社会を生きていく上で何が大切かについて自分の考えをもってから，ペアやグループで交流し，さらに考えを広げる。
- 導入部で自分なりの考えをもたせることで，筆者の考えに関心をもち，自分の考えと比べなら読むことができる。

準備物

- メディアの発達や社会の変化が分かる写真や動画

---

3 読む 話し合う 「大切な人と深くつながるために」を読み，感想をペアで話し合おう。

「続いて，『大切な人と深くつながるために』を読みましょう。」

教師が教材を読むか，児童に音読させてもよい。その際，筆者の考えが書かれたところに線を引かすなどして，自分のもった考えと比べながら読めるようにする。

「作品を読んで，考えたこと，疑問に思ったことなどを書きましょう。」

> コミュニケーションも練習すれば上達するという筆者の考えが印象に残った。

> 言いたいことが言えない場面って，わたしもよくあるな。

感想を書いた後，ペアで交流させる。

---

4 確かめる 見通しをもつ 単元のめあてを確認して，これからの学習への見通しをもとう。

> 6年生最後の説明文の学習です。これまで学習してきたことを使って，筆者の主張や，表現の工夫を読み取りましょう。

> 今まで学習したことをいかして，自分の力で読み取りたいな。

> 筆者の論の展開や表現の工夫を，これから詳しく読んでいきたいな。

教科書 P189 の単元のめあてを確認する。
- 「筆者の考えを読み取り，社会と生き方について話し合おう」です。

「次の時間は，『メディアと人間社会』での筆者の主張や論の展開，表現の工夫を読み取り，自分の考えをまとめます。」
　　次時への見通しをもたせる。

本時の目標

「メディアと人間社会」を読み，筆者の主張と，論の展開や表現の工夫を読み取ることができる。

授業のポイント

これまでの説明的文章で学んだことをいかして，要旨を読み取らせる。要旨は決められた字数で書き，ペアやグループで吟味する。

本時の評価

「メディアと人間社会」を読み，筆者の主張と，論の展開や表現の工夫を読み取っている。

〈字数制限をする〉要旨をまとめるときには字数の制限をすることで，筆者が伝えたいことは何か

板書例

○自分の考えを書く
・自分の知識や経験と比べて気づいたこと
・自分の考えとの共通点や異なる点

○筆者の工夫
・初めと終わりに主張を書いている
・事例が発達してきた順番に書かれている
・社会へのえいきょうが書かれている
・題名に関連している

※児童の発言を板書する。

・人間の欲求がメディアを発達させ、高度な情報化社会を作ってきた。人間がどんな欲求をもっているかを意識してメディアと付き合っていくのが大事だ。（69字）
・人間の伝えたい、知りたいという欲求がメディアを発達させ、高度な情報化社会を作ってきた。どんなメディアが登場しても、メディアにどんなことを求めているかを意識して付き合っていくことが重要。（92字）

※児童の考えた要旨を数名に板書させる。

---

1 つかむ／音読する　本時の学習のめあてを知り，「メディアと人間社会」を音読しよう。

本時の学習のめあてを確認する。

「今日は，『メディアと人間社会』を読みます。筆者がいちばん伝えたいことを読み取り，そのことを説明するためにどのように論を展開したり，表現を工夫したりしているかを考えましょう。」

「メディアと人間社会」を音読する。

筆者の主張には赤線，筆者の表現の工夫が分かるところには青線を引きながら読みましょう。

早速，筆者の考えが載っている。赤線を引こう。

説明的文章を読む時のポイントを振り返り，読むときの観点をもたせてから音読すると効果的である。

2 考える／書く　筆者の主張（要旨）を 100 字以内でまとめよう。

「筆者の主張が書かれているのは，何段落ですか。」
・1 段落と，6 段落に書かれていると思うな。

「それでは，1 段落と 6 段落のどの文に赤線を引いたのかを隣の人と相談しましょう。」
ペアで相談後，全体で中心文を検討する。

主張につながるキーワードを見つけさせる。

要旨をまとめるときに入れたいキーワードは何ですか。

「欲求」という言葉は何度も使われています。

「メディア」は，題名にもあるので外せません。

「筆者の主張を 100 字以内にまとめましょう。」
100 字の原稿用紙を配り，要旨をまとめさせる。

を考え，必要な情報を選ぶことになります。

メディアと人間社会　池上　彰

め　筆者は、自分の主張を伝えるために、どのような工夫をしているのだろう

○　筆者の主張をまとめよう
(1)　どの段落か　①段落と⑥段落
(2)　中心となる文を見つける
(3)　キーワード

・メディア　・情報化社会
・人間の欲求
・発達

主体的・対話的で深い学び

・本時では，これまでの説明的文章の学習をいかして要旨の読み取りをする。その過程で，文章構成や論の展開の仕方，表現の工夫について必然的に考えるだろう。その考えを表に整理することで，筆者が要旨を伝えるためにどのような工夫をしているかを読み取らせる。

・要旨は決められた字数でまとめさせることで，中心となる文や言葉を精査することができる。少人数での交流で理解を深めたい。

準備物

・100字の原稿用紙（字数は，実態に合わせて変える）
・ワークシート「論の展開や構成・表現の工夫」
　（児童用ワークシート見本 📀 収録【6下_14_01】）

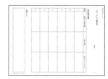

3 話し合う　要旨をペアや全体で確認し，論の展開や表現の工夫について話し合おう。

「隣の友達に，自分がまとめた筆者の主張を発表しましょう。」
　　時間内にまとまっていない児童もいるので，隣の友達のアドバイスを取り入れてもよいことを伝える。
　　数名に黒板に書かせておき，それぞれの要旨のまとめ方のよさや修正点を検討する。

「筆者は，自分の主張を伝えるために，どのような工夫をしていますか。表に整理して，論の展開や表現の工夫を見つけましょう。」

初めと終わりに主張を書く双括型で書いているね。

メディアの発達に合わせて順に事例を書いているね。

その後，ペアや全体で確認させる。

4 書く　筆者の考えや主張について，自分の考えを書こう。

「筆者の主張について，自分の考えを書きましょう。」
　　教科書 P197 の「自分の知識や経験と比べて気づいたこと」や「自分の考えとの共通点や異なる点」について書かせる。

何のためにそのメディアを使うのかをしっかり考える点については同じだな。

筆者の言うように，インターネットにはうその情報もあるから，正しい情報を手に入れたいな。

第1時で書いた自分の考えを振り返らせると，書きやすくなる。ここで書いたことは，第5時や第6時の学習活動にもつながることも知らせるとよい。

本時の目標

「大切な人と深くつながるために」を読み，筆者の主張と，論の展開や表現の工夫を読み取ることができる。

授業のポイント

これまでの学習をいかして，筆者の主張を捉えられるようにする。その他の段落の必要性を問うことで，筆者の論の展開の工夫に気づかせる。

本時の評価

「大切な人と深くつながるために」を読み，筆者の主張と，論の展開や表現の工夫を読み取っている。

〈揺さぶり発問〉「筆者の主張が書かれていない段落は必要ないよね。」と揺さぶる発問をすること

板書例

④ コミュニケーションの技術が上達…大切な人とつながることができるのです。

⑤ 相手とぶつかり、…要求のしかたが得意になっていくのです。

⑦ スポーツと同じで、…まちがいなく上達します。そうして、あなたは大切な人と出会い、深くつながっていくのです。

- コミュニケーション ・上達
- 大切な人（題名） ・深くつながる（題名）

○ その他の段落は、本当に必要か
- 子どもたちに分かりやすい事例が書かれている
- コミュニケーションが得意とはどういうことかが、具体的に書かれている
- スポーツの場合に例えている

※児童の発言を板書する。

○ 自分の考えを書く
- 自分の知識や経験と比べて気づいたこと
- 自分の考えとの共通点や異なる点

---

1 つかむ 音読する
本時の学習のめあてを知り，「大切な人と深くつながるために」を音読しよう。

前時の学習を振り返り，本時のめあてを知る。

「メディアと人間社会」の筆者の主張と，論の展開や表現の工夫を振り返りましょう。

筆者は，人間の欲求が，メディアを発達させ…と主張していました。

筆者は二度，主張を繰り返したり，事例を順番に並べたりしていました。

「今日は，『大切な人と深くつながるために』の筆者の主張と，論の展開や表現の工夫をまとめます。まずは，音読をしましょう。」

前時と同じように，筆者の主張には赤線を，表現の工夫には青線を引かせる。

2 考える 話し合う
筆者の主張が書かれた段落はどこかを考え，同じ段落を選んだ者と話し合おう。

「筆者の主張が書かれた段落はどこでしょうか。」
どの段落を選んだかを挙手で確認する。

「今から同じ段落を選んだ友達と集まって，理由を相談し合います。自分の意見をもっと強くしましょう。」

筆者はコミュニケーションが上達するには繰り返し練習が必要だと言いたいと思うな。

題名に「大切な人と深くつながっていく」と書いているよ。

「なぜその段落を選んだのか，理由を発表しましょう。」
前時の要旨をまとめるポイントを確認するなどして，根拠のある考えを発言させる。

で，筆者の論の展開や表現の工夫に気づかせます。

大切な人と深くつながるために　鴻上　尚史

め　筆者は、自分の主張を伝えるために、どのような工夫をしているのだろう

○　筆者の主張が書かれた段落はどこか
②　「コミュニケーションが得意」とは、…なんとかやっていける能力があるということです。
③　おたがいが少し不満だけど、…「コミュニケーションが得意」ということなのです。

主体的・対話的で深い学び

・筆者の主張が書かれた段落を検討する際，同じ立場で少人数のグループを作る。それぞれの理由を話し合わせることで，よりよい考えを見つけることができるようにする。
・筆者の主張が書かれた段落以外の段落の必要性を問うことで，筆者の論の展開や表現の工夫に気づかせたい。

準備物

---

3 話し合う　全体で話し合い，確認しよう。

「他の段落に，質問や意見を言いましょう。」
　　題名からキーワードを関連づけるなど，これまでの学習経験をいかしている児童の発言を取り上げる。

「それでは，みなさんが選んでいない段落は必要ないですよね。」
　　選ばれていない段落の意味を考えさせることで，筆者の論の展開や表現の工夫に気づかせる。

①段落は，わたしたちが分かりやすい事例を入れています。

他の段落では，読者に問いかけながら一緒に語っている感じがします。

ペアで確認した後，全体で発表させる。

---

4 書く　筆者の考えや主張について，自分の考えを書こう。

「前回の学習と同じように，筆者の主張について，自分の考えを書きましょう。」
　　教科書P197の「自分の知識や経験と比べて気づいたこと」や「自分の考えとの共通点や異なる点」について書かせる。

「ペアの友達と，それぞれの考えを伝え合いましょう。」

ぼくも友達にうまく思いが伝わらないときがあるから，その時はコミュニケーションの練習だと考えたいな。

そうだね。わたしも何度も練習を繰り返してコミュニケーションが得意になりたいな。

時間があれば数名を選び，全体で発表させる。

メディアと人間社会／大切な人と深くつながるために

第 **4** 時 （4/6）

本時の目標
2つの作品の特徴や，表現の工夫を比べて読み，共通点や異なる点をまとめることができる。

授業のポイント
2つの作品の特徴や表現の工夫について吟味し，共通点や異なる点をまとめることができるようにする。

本時の評価
2つの作品の特徴や，表現の工夫を比べて読み，共通点や異なる点をまとめている。

板書例

〈スケーリング〉2つの教材を10段階評価することによって，その点数をつけた理由や点数の差

○ 二つの作品の共通点
・これからの社会での生き方について書かれている
・メディアとコミュニケーションの両方がつながることについて書かれている

○ 異なる点
・具体例（順番と身近なもの）
・文章の組み立て方（主張が書かれている段落）
・表現のちがい（文末表現，問いかけ）

○ 感想

・メディアが発達した順番に書いている
・具体例が分かりやすい
・これからの社会でのメディアとの付き合い方が書かれている

・スポーツの例が分かりやすい
・やさしく語りかけているような文章がいい
・自分の人生をどう生きるべきかを分かりやすく書いている

※児童の発言を板書する。

1 振り返る つかむ
これまでの学習を振り返り，本時の学習のめあてをつかもう。

これまでの学習の振り返りをする。
「これまで2つの作品の筆者の主張や，工夫についてまとめました。今日は，6年間の説明的文章の学びをいかして，2つの作品のどちらの説明がよいかを考えましょう。」

2つ作品の評価を点数化することで，作品の特徴や表現の工夫を比べながら考えられるようにする。

2 考える 話し合う
自分の考えを書き，同じ立場同士で話し合おう。

それぞれの評価を点数化した後，自分がよいと思った作品を決め，黒板に名札を貼らせる。

「選んだ理由を箇条書きでたくさん書きましょう。」

「同じ立場の友達と，話し合いましょう。」

「それぞれの考えを発表しましょう。」
数名に，考えを発表させる。

は何かを考えることができます。

主体的・対話的で深い学び

- 「2つの作品のどちらの説明がよいか」という課題を設定して，それぞれに10段階評価をさせる。このように点数化することによって，論の展開や表現の工夫，説明されている内容から理由を考えさせる。これまでの説明文の学習の総まとめとして取り組ませたい。
- 展開部では，同じ立場同士や異なる立場で話し合い，多面的に作品を捉えることができるようにする。

準備物
- 筆者のメッセージ動画（教科書P192，195の二次元コードより）
- 名札

（黒板）

メディアと人間社会
大切な人と深くつながるために

め 「メディアと人間社会」と「大切な人と深くつながるために」、どちらの説明がよいか考えよう

「メディアと人間社会」
・双括型（そうかつがた）で書かれていて、分かりやすい
※※

「大切な人と深くつながるために」
・問いかけの文が多くて、読みやすい
※※

※※よいと思った方の作品に名札を貼らせる。

---

3 話し合う　違う立場の友達と話し合い，全体で共通点や異なる点を確認しよう。

「続いて，反対の立場の人と話し合います。お互いの意見の共通点や異なる点を考えながら話し合いましょう。」
　質問やコメントを入れて，互いの考えを引き出せるように，話し合う前に説明する。

具体例が少し違うよね。順番に書いているものと，スポーツに例えているものがあるね。

共通しているのは，筆者の主張がこれからの社会に向けての生き方だということかな。

「反対の立場の人の考えを聞いて，どのような共通点が見つかりましたか。また，異なる点はどこでしたか。」
　ペアやグループで相談させた後，それぞれの立場から数名に発表させる。

---

4 書く　筆者が作品に込めた思いを語る動画を見て，自分の考えをまとめよう。

「最後に，それぞれの筆者が作品に込めた思いを聞いてみましょう。」
　筆者が語る動画を流す。動画が流せない場合は，指導書の「筆者の言葉」を読み聞かせしてもよい。

「筆者の思いや，今日の友達の考えを聞いて，感想をノートに書きましょう。」
　授業の前半部に書いた自分の考えと比べて，変化したことなどを書けるようにする。

筆者の考えを聞いて，わたしもメディアの発達に合わせて柔軟に対応していきたいと思います。

ぼくは，コミュニケーションが得意ではないので，練習を繰り返して上達したいと思います。

本時の目標
3つの作品を基に，「これからの社会でどう生きていくか」について，自分の考えを書くことができる。

授業のポイント
3つの作品の筆者の主張を基に，自分の考えを書かせる。その際，これまでの学習でまとめた自分の考えを振り返らせる。

本時の評価
3つの作品を基に，「これからの社会でどう生きていくか」について，自分の考えを書いている。

板書例

〈ラベリングとナンバリング〉書きたい内容に小見出しをつけたり（ラベリング），番号を使って

○ 友達の考えを読み合おう

① ペアで交かんする
② 作品を読む
③ 赤ペンで線やコメントを入れる
  ☆プラスのコメントにする
  ☆友達の意見について，自分の意見をつけ足す

・自分の主張と、理由や事例を書く
・文末表現の工夫
・問いかけを入れる
・ラベリング…小見出しをつける
・ナンバリング…番号で整理する
・作品から引用する
  ☆「　　　」をつける　そのままぬき出す

※児童から出てきた言葉を中心にポイントを書く。

---

1 つかむ 音読する
本時のめあてを確認した後，「プログラミングで未来を創る」を読もう。

本時のめあてをつかむ。

これまで2つの文章を読みました。今日は，新しい資料を読みます。2つの文章と資料を基に，「これからの社会でどう生きていくか」について意見をまとめましょう。

前回までに2つの文章についての考えをまとめていたね。

今日読む資料は，どんな内容なのだろう。

「それでは，『プログラミングで未来を創る』を読みましょう。」
　これからの社会でどう生きていくかを考えながら読むことや，筆者の主張を捉えながら読むことを事前に説明する。

2 書く 話し合う
「プログラミングで未来を創る」を読んで，自分の考えをまとめ，対話しよう。

「筆者がこの作品で伝えたかったことは何ですか。」
　・豊かな人生を送るには，コンピュータなどの知識が重要だと言っています。
　・大事なことは「プログラミング」によって何を表現し，何を創り出すかということです。

「筆者の主張について，自分の考えを書きましょう。」
　ここでは，短い文でまとめるように伝える。

「ペアの友達と，自分の考えを伝え合いましょう。」

知識をもって，これからの未来に対応できる自分でいたいなと思う。

筆者の「何を創り出すか」という言葉に納得したよ。

整理したり（ナンバリング）すると，読みやすい文章になります。

メディアと人間社会
大切な人と深くつながるために

Ⓜ 三人の筆者の主張をもとに、「これからの社会でどう生きていくか」について、自分の考えを書こう

プログラミングで未来を創る　石戸（いしど）奈々子（ななこ）

○ 書く時のポイント
・文章の組み立て方（頭括型（とうかつがた）・尾括型（びかつがた）・双括型（そうかつがた））

主体的・対話的で深い学び

・「これからの社会でどう生きていくか」について書かせる際は，これまでの説明的文章で学んだ文章構成や表現の工夫，ラベリングやナンバリングなどの技術を振り返ってから書かせる。
・終末部では，それぞれが書いた文章を読み合い，コメントを書く時間を設定する。友達の意見に共感しながら読むことができ，表現の工夫を学ぶ機会にもなる。友達からの朱書きを読むことで，新たな気づきや，発見も生まれるだろう。

準備物

3 書く　「これからの社会でどう生きていくか」について，自分の考えを書こう。

「３人の筆者の主張を基に，『これからの社会でどう生きていくか』について，自分の考えを書きましょう。」

これまでの学習から次のような書き方のポイントを児童から出させてから書かせるとよい。

①論の展開の仕方について（主張と理由，事例など）
②ラベリングとナンバリングを使って，内容の整理をすることについて
③作品からの引用の仕方について

ぼくは，初めと終わりに主張を書く双括型にして意見を書いてまとめよう。
ラベリングとナンバリングを使うと，自分が言いたいことが整理されて書きやすいな。

4 読む 交流する　書いた内容を読み合い，感想を伝え合おう。

「今から，それぞれの考えを読み合います。まずは，ペアの友達と交換して読み，赤ペンでコメントを書きましょう。」

肯定的なコメントを書くようにする。共感できる文に線を引いたり，文末だけでなく，文の横にコメントを入れたりするように伝える。

自分の主張がしっかり書かれているし，ラベリングやナンバリングで整理していて分かりやすいな。
きちんと筆者の主張を引用しているから，文に説得力が感じられるな。

時間があれば，グループでも交換するとよい。

本時の目標

「これからの社会でどう生きていくか」について話し合うことを通して，自分の考えを広げることができる。

授業のポイント

付箋を使った話し合いをすることによって，それぞれの意見の共通点や異なる点を整理して，自分の考えを広げさせる。

本時の評価

「これからの社会でどう生きていくか」について話し合うことを通して，自分の考えを広げている。

〈付箋を使った話し合い〉付箋を使った話し合いによって，全員参加の話し合いになります。また，そ

板書例

4 全体発表
・一グループ三分以内で発表する
・質問や感想を言う

```
1班                    コミュニケーション
  ┌──────────────────────────┐
  │        ▭▭▭▭▭▭         │
  │        ▭▭▭▭           │
  │   ┌──────────────────────┐  │
  │   │これからの社会でどう生きていくか│  │
  │   └──────────────────────┘  │
  │   ▭▭▭                   │
  │   ▭▭                    │
  └──────────────────────────┘
```
※話し合いに使う模造紙（または，画用紙）の例を貼る。

3 話し合い② 〈意見をまとめる〉
・似た意見を集めて仲間にする
・仲間を丸で囲む
・見出しをつける
・矢印やコメントを書いてもよい

・似ているものは近くにはる
・「いいね」を合言葉にする（否定はしない）

---

1 振り返る つかむ

前時までの振り返りをし，本時の学習のめあてと話し合いの進め方を確認しよう。

前時の振り返りをする。

「前時は，『これからの社会でどう生きていくか』について，自分の考えをまとめました。友達の意見を読んでコメントを書きましたね。」
・わたしと考えが似ているところがあったな。
・もっといろんな人の考えを聞いてみたいな。

本時のめあてを確認する。

話し合いの進め方について説明をし，見通しをもたせる。

2 書く

付箋に自分の考えを書こう。

「まずは，『これからの社会でどう生きていくか』について，自分の考えを付箋に書きます。前回書いた考えを参考にして，たくさん書きましょう。」

付箋を1人5枚ずつほど渡す。足りなくなったら取りに来させる。

付箋を書くときの注意点を説明する。
①付箋に書く意見は1枚に1つ
②できるだけ短い言葉でたくさん書く

主体的・対話的で深い学び

・付箋を使った話し合いを取り入れることで，発表が苦手な児童でも参加しやすく，全員参加の話し合いになる。意見を整理するときには，移動させることができ，仲間分けしやすくなる。このような話し合いによって，「これからの社会でどう生きていくか」についての考えを広げさせる。

準備物

・模造紙または，四つ切画用紙（班の数）

・マジック

・付箋

メディアと人間社会
大切な人と深くつながるために

め 「これからの社会でどう生きていくか」について，話し合い，自分の考えを広げよう

○ 話し合いの進め方

1 付せんに，自分の意見を書く
・一枚に一つの意見を書く
・短い言葉でたくさん書く

2 話し合い① 〈意見を出し合う〉
・付せんを読み上げながらはる

---

3 話し合う まとめる　「これからの社会でどう生きていくか」について，グループで話し合おう。

「グループで意見を出し合って，考えを広げる話し合いをしましょう。」

それぞれが書いた付箋を，順番に読みながら，模造紙か画用紙に貼らせる。

「話し合いながら，意見の仲間分けをしましょう。」

次のようにして，意見をまとめさせる。

①似た意見を集めて仲間分けする

②それぞれの仲間を丸で囲む

③それぞれに見出しをつける

よい意見を選ぶのではなく，整理して複数の意見をまとめさせる。見出しをつけることで意見を「見える化」する。

---

4 発表する 書く　グループで話し合ったことを全体で発表し，感想を書こう。

「グループでまとめたことを，順番に発表しましょう。」

グループで前に出て発表する。発表者は事前に決めておくと，準備して発表に臨むことができる。

時間があれば，発表に対しての質問や感想を言わせる。

「それぞれのグループの発表を聞いた感想をノートに書きましょう。」

漢字を正しく使えるように
［コラム］覚えておきたい言葉

全授業時間 2 時間

◉ 指導目標 ◉

・第5学年までに配当されている漢字を書き，文や文章の中で使うとともに，第6学年に配当されている漢字を漸次書き，文や文章の中で使うことができる。

◉ 指導にあたって ◉

① 教材について

わたしたちの生活の中には，たくさんの言葉があふれています。その中には，「再開」と「再会」や，「努める」「勤める」「務める」のように，同じ読み方だけど，その意味や使う漢字が異なるものがあります。このような漢字は，日常生活で目に触れたり繰り返し使ったりする経験と，その言葉の意味や漢字の意味を考えるなどの見方や考え方によって定着していくものと考えます。

これまでの学習で，漢字には意味があり，その意味に合った正しい漢字を使うことや，日本語には同音異義語や同訓異字が多く，使い分けに注意することを理解しています。そして，このような日本語の面白さや豊かさにも気づいているでしょう。

本単元では，どの漢字を使うか迷ったり，誤った漢字を使ってしまったりしやすい「同じ読み方をする漢字」を取り上げ，大きく次の3つの活動を行います。第1が，どの漢字を使うか迷ったときの考え方を学ぶこと，第2は，その考え方を使って，正しい漢字を使った文を書くこと，第3は，「覚えておきたい言葉」の意味を調べたり，その言葉を使った文を書いたりすることです。

このような学習活動を通して，どのように考えれば正しい漢字を使うことができるようになるのかに気づかせることをねらいとしています。そのためにも，「同じ読み方をする漢字」に何度も触れる機会を作ることが大切です。

② 主体的・対話的で深い学びのために

「同じ読み方をする漢字」で正しく漢字を使うためには，漢字のもつ意味が分かること，言葉の意味を理解していること，その漢字を使った熟語を把握していること，といった理解が必要です。当然，一人ひとりに理解の差が生まれるでしょう。このような状況のまま，一斉に指導しては，ついていけない児童が出てきます。

そこで，本単元ではペアやグループで考える時間を取るようにします。自分だけではなかなか考えられない児童にも，友達の考えを聞いて理解できるようにするのです。

ペア学習では，隣同士や前後と，ペアを変えながら，それぞれの考えを交流できるようにします。「隣の友達の考えを真似てもいい」，「それぞれの考えを出し合い，学び合うのはいいこと」といった，温かな学級の雰囲気作りも大切になるでしょう。

本単元では，国語辞典や，漢字辞典を準備させて，言葉や漢字の意味を調べながら学習を進めます。言葉の意味

と漢字の意味が適合したとき，適切な漢字を選択することができるという体験を大切にするとともに，言葉への関心を高めます。

　第2時では，「同じ読み方をする漢字」を使ったクイズ大会を行います。前時に習得した考え方を活用して，文を作らせるのです。クイズ大会にすることで，児童は楽しく「同じ読み方の漢字」に触れることができるでしょう。そして，問題作りや，友達が出した問題を解くことを通して，正しい漢字の考え方や使い方への理解が深まるようにすることが大きなねらいです。

◉ 評価規準 ◉

知識及び技能	第5学年までに配当されている漢字を書き，文や文章の中で使うとともに，第6学年に配当されている漢字を漸次書き，文や文章の中で使っている。
主体的に学習に取り組む態度	第6学年に配当されている漢字の学習に粘り強く取り組み，今までの学習をいかして同じ読み方をする漢字を正しく使おうとしている。

◉ 学習指導計画　　全2時間 ◉

次	時	学習活動	指導上の留意点
1	1	・同訓の漢字，同音の漢字について，適切なものを選ぶための方法を知る。 ・練習問題に取り組む。	・ペアやグループで相談する時間を作り，適切な考え方を確かめられるようにする。
	2	・同訓・同音それぞれの場合に応じた方法があることを確認する。 ・「同じ読み方をする漢字クイズ」の問題を作り，ペアでクイズを出し合う。 ・「覚えておきたい漢字」に出てくる言葉の意味を調べる。	・国語辞典や漢字辞典を準備しておき，言葉や漢字の意味を調べながら問題を作ったり，考え方を説明したりできるようにする。

DVD 収録（イラスト，資料，児童用ワークシート見本）

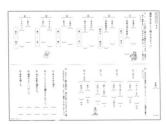

本時の目標

「同じ読み方をする漢字」について，適切な漢字を選ぶ方法を知り，正しい使い方ができる。

授業のポイント

漢字を正しく使えるようにするためには，言葉の意味を知ることが大切だということに気づかせる。

本時の評価

「同じ読み方をする漢字」について，適切な漢字を選ぶ方法を知り，正しい使い方をしている。

板書例

〈辞典で調べる〉漢字を正しく使えるようになるには，言葉の意味を知る必要があります。国語辞

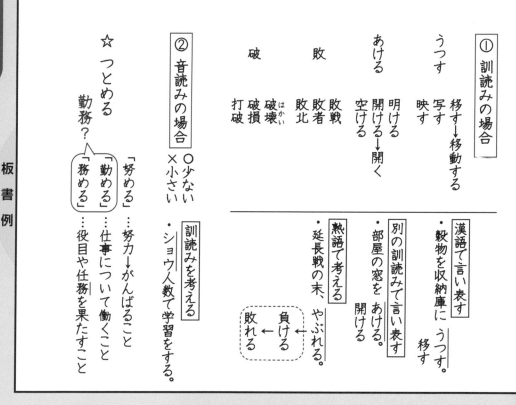

① 訓読みの場合

うつす　移す→移動する
　　　　写す
　　　　映す

あける　明ける
　　　　開ける→開く
　　　　空ける

敗　　　破
敗戦　　破壊（はかい）
敗者　　破損
敗北　　打破

漢語で言い表す
・穀物を収納庫に　うつす。　移す

別の訓読みで言い表す
・部屋の窓を　あける。　開ける

熟語で考える
・延長戦の末，やぶれる。
負ける　←　敗れる
敗れる　←　破れる

② 音読みの場合

○少ない　×小さい

・訓読みを考える
・ショウ人数で学習をする。

☆ つとめる
勤務？
「努める」…努力→がんばること
「勤める」…仕事について働くこと
「務める」…役目や任務を果たすこと

---

1 考える
つかむ
同じ読み方の漢字を正しく直し，本時の学習のめあてをつかもう。

「この文の中には，間違った漢字を使っているところが2か所あります。正しい漢字に直しましょう。」

2か所と数字で限定することで，考えを焦点化する。

個人で考えた後，ペアで相談する時間を取る。

「解答」じゃなくて，「回答」だよね。

「始め」は「初め」なのかな。

「どうして，この2つの漢字を間違ったのだろう。」

・どちらも同じ読み方だから，迷うことがよくあるね。

・正直，間違っていることに気がつかなかった。

「今日は，どうしたら同じ読み方の漢字を正しく使えるようになるのかを考えましょう。」

---

2 知る
漢語で言い表してみる方法や，別の訓読みで言い表してみる方法について知ろう。

「うつす」という読み方の漢字を3つ書かせる。（移す，写す，映す）

「『穀物を収納庫にうつす』は，どの漢字を使いますか。」

なぜ「移」を選んだのか，その理由を相談しましょう。

移動させることだから，「移」にしたよ。

他の漢字は，写真や映画に使われるね。

「写す」，「映す」の漢字の使い方も簡単に確認する。

「あける」という読み方の漢字を3つ書かせる。（明ける，開ける，空ける）

「『部屋の窓をあける』は，どの漢字を使いますか。」

窓を開ける様子を動作化させて，別の訓読みに言い換えられるようにする。

典や漢字辞典を使って調べ，言葉を増やすことも大切です。

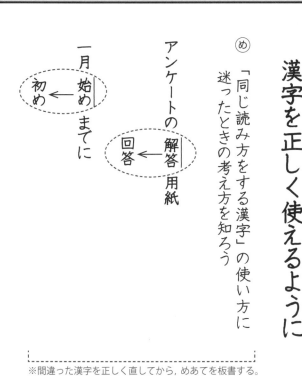

漢字を正しく使えるように

め 「同じ読み方をする漢字」の使い方に
迷ったときの考え方を知ろう

アンケートの 解答 用紙
　　　　　　回答 ←

一月 始め までに
　　　初め ←

※間違った漢字を正しく直してから，めあてを板書する。

主体的・対話的で深い学び

・本時の学習では，個々の語彙量の違いによって適切な漢字を選択することに差が出ることが予想される。そこで，辞書引きで言葉の意味を確かめたり，ペアでの対話で互いの考えを交流し合ったりする。
・授業の前半部は，考え方の習得の時間に，後半部は活用の時間にすることで理解を深める。

準備物

・国語辞典や漢字辞典（各自）

---

3 知る　熟語に言い換える方法や，訓読みにして考える方法について知ろう。

「敗」，「破」の漢字を使った熟語を調べて，発表させる。

「『延長戦の末，やぶれる。』とは，どういう意味ですか。」
・延長戦の末，負けるということです。

「『ショウ人数で学習をする』の『ショウ』を漢字で書きましょう。」
・少ない人数だから，「少」だよね。
・音読みを訓読みに直してみると分かりやすいね。

---

4 練習する 交流する　教科書 P202 の ①の練習問題を解こう。

「それでは，4つの考え方を使って教科書 P202 の ①の問題をやってみましょう。」
──線の言葉を正しい漢字で表し，どのように考えたかを横にメモさせる。交流で説明するときの準備になる。

「ペアの友達と正しい漢字の確認と，その漢字を選んだ理由を話し合いましょう。」

「つとめる」は，よく間違える問題である。ペアでの話し合いの後に，全体で確認する時間を取るとよい。

本時の目標
「同じ読み方をする漢字」を適切に選択する方法や言葉の意味を調べて，問題を解くことができる。

授業のポイント
「同じ読み方の漢字」クイズをして，問題を作ったり，解いたりして，適切な漢字の選択の仕方を身につけさせる。

本時の評価
「同じ読み方をする漢字」を適切に選択する方法や言葉の意味を調べて，問題を解こうとしている。

板書例

〈クイズ作り〉本時では，クイズ作りを通して児童がたくさんの問題に触れることができるように

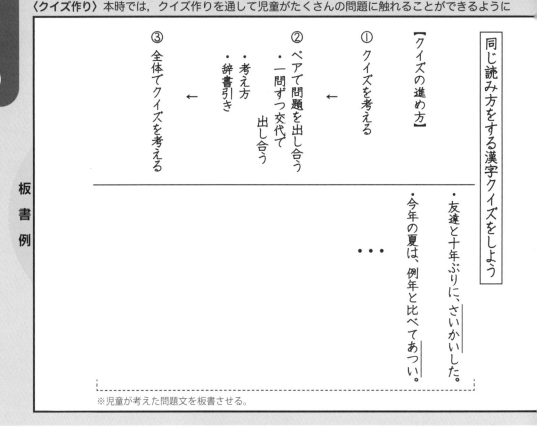

同じ読み方をする漢字クイズをしよう

・友達と十年ぶりに，さいかいした。

・今年の夏は，例年と比べてあつい。

・・・

【クイズの進め方】
① クイズを考える
　←
② ペアで問題を出し合う
・一問ずつ交代で出し合う
・考え方
・辞書引き
　←
③ 全体でクイズを考える

※児童が考えた問題文を板書させる。

---

1 練習する　前時の学習を振り返り，教科書 P202 の ② の練習問題を解こう。

「前回の学習で，『同じ読み方の漢字』の正しい漢字を選ぶ方法を4つ学習しましたね。教科書を読んで，振り返りましょう。」

　　　教科書 P201，P202 の4つの方法を確認する。

「教科書 P202 の ② の練習問題をします。」

　　　まずは，一人で考える時間を取る。

ペアの友達と相談して考えましょう。

「せいか」は，「結果」の「果」だよね。

「こかげ」は木の陰のことだよね。

　正しい漢字に書き換えることと同時に，辞書引きをして言葉の意味も理解できるようにする。

2 考える　「同じ読み方をする漢字クイズ」を考えよう。

「ここまでの学習をいかして，『同じ読み方をする漢字クイズ』をします。今から問題を作りましょう。」

　同じ読み方をする漢字が書かれたプリントを配る。そのプリントの中の漢字を使った一文を作らせる。一文は，できるだけ短く簡単なものを作るようにする。

　（問題は平仮名で表記し，一線を引くようにする。）

「えいせい」って漢字はよく間違えそうだよな。

「今年の夏は，例年と比べてあつい。」にしよう。

　時間内であれば，いくつでも問題を作ってよいことにする。なかなか書けない児童には，個別にアドバイスをする。

します。楽しく考える時間を作ることが大切です。

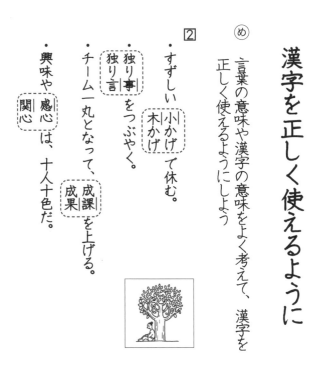

漢字を正しく使えるように

め 言葉の意味や漢字の意味をよく考えて、漢字を正しく使えるようにしよう

2

・すずしい 小かげ／木かげ で休む。

・独り事／独り言 をつぶやく。

・チーム一丸となって、成課／成果 を上げる。

・興味や 感心／関心 は、十人十色だ。

主体的・対話的で深い学び

・本時の目的は，前時に学習した正しい漢字を適切に選ぶ方法や言葉の意味を調べることを何度も練習（活用）することにある。より主体的に練習するために，クイズを自ら作り，ペアや全体で解き合う。その際，辞書引きをするなど言葉の意味を確かめながら問題作りに取り組めるようにする。正しい漢字を使うためには，言葉の意味を正しく理解することが大切であることを押さえるねらいがある。

準備物

・黒板掲示用イラスト DVD 収録【6下_15_01】
・資料「同じ読み方をする漢字」DVD 収録【6下_15_02】
・国語辞典や漢字辞典（各自）
・ワークシート
（児童用ワークシート見本 DVD 収録【6下_15_03】）

3 交流する 「同じ読み方をする漢字クイズ」の問題をペアや全体で出し合おう。

「今からそれぞれが考えた問題をペアで出し合います。問題を解くだけでなく，ペアで解き方を話し合ったり，言葉の意味を調べたりしましょう。」

問題は，1問ずつ出し合う。その際，ただ答えを当てるだけでなく，考え方の説明や言葉の意味を調べさせる。

早く出し終わったペアに，黒板に問題文を書かせる。

「前には，それぞれのペアに選ばれた問題が出ています。みんなで解いてみよう。」

黒板に書かれた問題を全体で解く。

4 振り返る 調べる 本時の学習のまとめをして，「覚えておきたい言葉」を辞書引きしよう。

「今回の学習を振り返ります。同じ読み方の漢字を正しく使うために，大切なことは何ですか。」

「言葉の意味」，「考え」という２つの言葉を入れて振り返りを書かせる。

教科書 P203 の「覚えておきたい言葉」の言葉を読んで，意味のよく分からない言葉を辞書引きする。言葉の意味を理解して使うことの大切さについて触れておきたい。

時間があれば，ワークシートに取り組ませる。

人を引きつける表現

◉ 指導目標 ◉

・比喩や反復などの表現の工夫に気づくことができる。
・語句と語句との関係について理解し，語彙を豊かにするとともに，語感や言葉の使い方に対する感覚を意識して，語や語句を使うことができる。
・目的や意図に応じて，感じたことや考えたことなどから書くことを選び，伝えたいことを明確にすることができる。
・文章全体の構成や書き表し方などに着目して，文や文章を整えることができる。

◉ 指導にあたって ◉

①　教材について

　「人を引きつける表現」とはどのようなものなのか，どのように使われているのか，またどのような効果があるのかを「つき」「やまなし」「鯉のぼり」の３つの題材から読み取っていきます。そして，教科書の文章から自分が心引かれる文章を書き出し，なぜその文章を選んだのか，どんな工夫がされているのか，どんな効果があるのか等を文章でまとめる活動をします。相手に伝えたいことを効果的に伝えるにはどんな表現を使えばよいのかを考える教材となっています。

②　主体的・対話的で深い学びのために

　「人を引きつける表現」を教科書からだけではなく，日頃から児童が目にしているコマーシャルやポスターなど日常生活から見つけ出すことで，より児童の興味・関心を高めることができるでしょう。様々な表現の工夫がされたものを準備しておくと，心が引かれる表現を見つけ出し，文章で表現する学習の際にも役立ちます。児童一人ひとりが書いた文章を読み合う活動では，グループで読み合い，工夫しているところやよいと思うところ，アドバイスなどを交流します。友達の様々な考えや感じ方に触れることで，言葉や表現の使い方の枠が広がり，この先の文章を書く活動に繋がっていきます。

◉ 評価規準 ◉

知識 及び 技能	・語句と語句との関係について理解し，語彙を豊かにするとともに，語感や言葉の使い方に対する感覚を意識して，語や語句を使っている。 ・比喩や反復などの表現の工夫に気づいている。
思考力，判断力，表現力等	・「書くこと」において，目的や意図に応じて，感じたことや考えたことなどから書くことを選び，伝えたいことを明確にしている。 ・「書くこと」において，文章全体の構成や書き表し方などに着目して，文や文章を整えている。
主体的に学習に取り組む態度	比喩や反復などの表現の工夫に関心をもち，学習課題に沿って説明する文章を書こうとしている。

◉ 学習指導計画　全3時間 ◉

次	時	学習活動	指導上の留意点
1	1	・日常生活の中で目にする「人を引きつける表現」を想起する。 ・教材文を読み，さまざまな表現の工夫があることを捉える。	・コマーシャルやポスターなど，児童も知っている表現の工夫がされたものを用意する。 ・どんな表現の工夫があるのか，児童と一緒に見つけるようにする。
	2・3	・気に入った表現について説明する文章を書く。 ・教科書にある物語や詩，文章から，心が引かれる表現を見つけて書き写す。 ・選んだ表現について，どのような工夫や効果があり，自分がどう感じるのかを書く。 ・書いた文章を交流し，学習を振り返る。	・心が引かれる表現を見つけたら，線を引いたり，付箋を貼ったりするようにしておく。その際，一語または一文にするように指示する。 ・「人を引きつける表現」について，学習を通して自分の考えたことをまとめさせる。

📀**収録（児童用ワークシート見本）** ※本書 P151「準備物」欄に掲載しています。

人を引きつける表現
第 **1** 時 （1/3）

本時の目標
「人を引きつける表現」にはどんな工夫がされているのか，どんな効果があるのかを見つけ出すことができる。

授業のポイント
身近なポスターや，教科書の3つの題材から，表現の工夫とその効果について話し合う。

本時の評価
「人を引きつける表現」にはどんな工夫がされているのか，どんな効果があるのかを見つけ出そうとしている。

〈共通理解〉人を引きつける表現とは何か，児童とどのようなものなのかを十分に確認することが

板書例

※「つき」の歌詞を貼る。

・順番を入れ替える
でた→でたでた
・月が出るのを待ちわびていた　強調
・ぼんのような…比喩（ひゆ）

※「やまなし」の一文を貼る。

・「サラサラ」…水が流れる様子　音
・「もかもか」…光が水にゆれて映る様子
独特の表現

※「鯉のぼり」の歌詞を貼る。

・七五調の組み合わせ
・中空を…位置、場所
中空で　リズム

---

1 つかむ・めあて 「人を引きつける表現」について考えよう。

黒板にポスターやコマーシャルの言葉などを掲示する。

> 皆さんは，このポスターを知っていますか。このポスターを見てどう思いますか。

> インパクトがあって，一度見たら忘れられない感じがします。

> 頭の中に言葉がいつまでも残る感じがします。

> 何だか楽しくなります。

・人の心をグッとつかんでいるよね。
・テレビのコマーシャルもついつい見入ってしまうよ。
「このポスターのように『人を引きつける表現』についてこれから学習していきます。」

学習課題と本時のめあてを提示する。
児童にとって身近なポスターやコマーシャルなどを扱い，「人を引きつける表現」をイメージさせる。

2 読み取る① 「人を引きつける表現」の工夫と効果を読み取ろう。

「『つき』という歌を知っていますか。知っている人は歌ってみましょう。」

歌詞を黒板に貼り，皆で歌う。
「この歌詞には，どのような表現の工夫があるでしょうか。考えてノートに書いてみましょう。」

>  どんな表現の工夫を見つけましたか。

> 「でたでたつきが」は，出てくれてうれしいとか喜んでいる気持ちが表れているような感じを受けました。

> 普通「つきが でた」と言うけど，「でた つきが」と逆になっています。

・「でたでた」とか「まるいまるい」とか繰り返して使うことで，そのことを強調しています。
・「ぼんのような」が分かりやすい比喩になっています。どんな月かが想像できます。

大切です。ズレの生まれない課題把握を行いましょう。

人を引きつける表現

め 人を引きつける表現の工夫や効果を見つけよう

学習課題
身のまわりから「人を引きつける表現」を探して、そのみりょくをしょうかいする文章にまとめよう

※身近なポスターやコマーシャルで「人を引きつける表現」をイメージさせてから板書する。

・頭の中にいつまでも残る
・インパクトがある
・覚えやすい言葉
・楽しい

※児童の意見を板書する。

※ポスターやコマーシャルの言葉などを貼る。

主体的・対話的で深い学び

・「つき」「やまなし」「鯉のぼり」の3つの題材から表現の工夫を見つけていくが、ペアやグループでの話し合いを通すことで、表現の工夫やその効果を見出しやすくなる。また、学習のつかみとして、児童にとって身近なものを扱うことで、児童の興味・関心をひくことができる。

準備物

・児童にとって身近なポスターやコマーシャルなどの言葉が書かれた資料
・（黒板掲示用）「つき」の歌詞
・（黒板掲示用）「やまなし」一文
・（黒板掲示用）「鯉のぼり」歌詞

---

3 読み取る② 「人を引きつける表現」の工夫と効果を読み取ろう。

「次に、以前に学習した宮沢賢治の『やまなし』の一文です。声に出して読んでみましょう。」
「この文章には、どのような表現の工夫があるか、みんなで考えましょう。」
　・サラサラは、水の流れる音の様子を表しています。
　・もかもかは、月の光が水面に揺れている様子を表現しているように思います。
「『鯉のぼり』の歌詞の表現の工夫も見つけましょう。」
　歌詞を黒板に貼り、皆で歌う。

歌詞の文字を数えたら、7文字と5文字が繰り返しになっているよ。

「中空㋩」と「中空㋦」では、印象が違うね。作った人はどうして、「を」にしたんだろうね。

それを「七五調」って言うんだったよね。この表現の工夫で、楽しい感じになるね。

鯉のぼりの元気に泳ぐ様子を想像できるようにしたんだね、きっと。

---

4 振り返る 交流する 学習を振り返り、感想を交流しよう。

「いろいろな表現の工夫を見つけることができましたね。人を引きつける表現とは、どんな表現かということも分かりましたか。」
　・どんな様子か想像することができる言葉でした。宮沢賢治の表現は独特だけど、イメージしやすいです。
　・作者が伝えたいことがよく分かる言葉でした。
　・覚えやすいリズムのよい言葉でした。
「今日の学習を振り返り、感想を交流しましょう。」

表現の工夫の仕方1つで伝わり方が全く違うことが分かりました。「鯉のぼり」のときに、一文字が違うだけで、これほど違うなんて、今まで意識していませんでした。

表現を工夫することで、読む人を楽しませたり、興味をもたせたりすることができると分かりました。そんな表現ができるようになるといいなと思いました。

人を引きつける表現
第 2,3 時 （2,3/3）

本時の目標
比喩や反復などの表現の工夫に気づき，心が引かれる表現について説明する文章を書くことができる。

授業のポイント
自分の身のまわりにある「人を引きつける表現」を見つけて，どのような表現の工夫があるのか，その効果と自分の感想を文章にまとめる。

本時の評価
比喩や反復などの表現の工夫に気づき，心が引かれる表現について説明する文章を書こうとしている。

板書例

〈交流〉交流を通して，自分で気づけなかった表現のよさに出会うことができます。できるだけた

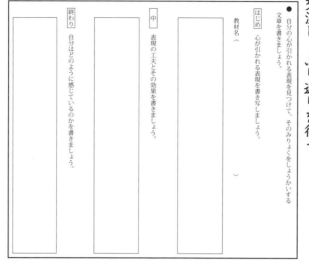

文章づくり（ワークシート）

② 心が引かれる表現を一つ選んで書き写す
③ その表現の工夫とその効果を考える
④ 自分はどのように感じているのかをまとめる

読み合い

⑤ 交流し、ふり返りを行う

・自分の心が引かれる表現を見つけて、そのみりょくをしょうかいする
　文章を書きましょう。

教材名〈　　　　〉

はじめ
　心が引かれる表現を書き写しましょう。

中
　表現の工夫とその効果を書きましょう。

終わり
　自分はどのように感じているのかを書きましょう。

---

1 （第2時） めあて 読む
心が引かれる表現を見つけよう。

前の時間に「人を引きつける表現」について学習しました。今日は，みんなに教科書の中から自分の心が引かれる表現を見つけてもらいます。

わたしは，「うぐいす」の詩が印象深いな。情景が想像できたよ。

「人を引きつける表現」には，同じ言葉を繰り返したり，比喩を使ったりいろいろな工夫があったね。

「心が引かれる表現を見つけたら，その魅力を説明する文章を後で書いてもらいますよ。」

　文章にまとめる時間をできるだけ確保するため，時間を決めて取り掛かるとよい。心が引かれる表現を見つけたら，その文章に線を引き，その頁に付箋を貼るか，ノートにメモしておく。前もって宿題でいくつか候補を選ばせておいてもよい。

「線を引いた文章の中で自分がいちばん心引かれた表現を1つ選びましょう。」

---

2 書く
心が引かれる表現の魅力を紹介する文章を書こう。

「友達がどんな文章を選んだのか気になりますね。では，友達に自分の選んだ心が引かれる表現の魅力を紹介する文章を書いていきましょう。」

　207ページの「初め：自分が選んだ心が引かれる表現」，「中：表現の工夫とその効果について」，「終わり：自分はどう感じているのか」という構成をもとに，ワークシートに書きまとめる。

ぼくは，「イーハトーヴの夢」の最後の一文に決めたよ。「静かに…○○○○○」の所が心引かれたよ。

わたしは，「やまなし」の「ラムネのびんの月光」という表現が好きだな。月の光に照らされた川底のキラキラした美しい様子が想像できます。

「せんねん　まんねん」の詩で同じ言葉が繰り返されていたよ。何度も季節が巡って年月が長く経っている印象を受けるね。

人を引きつける表現

め 人の心を引きつける表現を見つけて、その表現のみりょくをしょうかいする文章を書こう

学習の進め方

① 教科書や身のまわりから心が引かれる表現を見つける

主体的・対話的で深い学び

・それぞれの書いた文章を読み合い，感想を付箋に書いて渡す活動から，様々な友達の考えを知り，言葉や表現の使い方がさらに深まることとなる。また，手元に友達の書いた感想があることで，学習の振り返りもしやすくなる。

準備物

・付箋
・ワークシート
（児童用ワークシート見本
  DVD 収録【6下_16_01】）

3 （第3時） 交流する 文章を読み合い，感想を交流しよう。

「前の時間にみんなが書いた文章を読み合いましょう。そして，人を引きつける表現の魅力をたくさん見つける学習にしましょう。」

　最初は，グループで回し読みをする。それぞれに付箋を渡しておき，読み終わったら感想を付箋に書いて本人に渡すようにする。

> 犬飼さんの「天地の文」の一部を紹介する文章がいいね。心に響く言葉だね。

> 田口さんの紹介する表現は，ぼくも好きな表現です。

> こうやって，友達の心を引きつける表現を見ていくと，身のまわりにたくさん素敵な言葉があふれているんだね。

> 井原さんの「帰り道」の「ぬれた地面に…」の所で，二人の気持ちが分かり合えたことを想像させる効果に納得できるよ。

　グループ交流の後，友達と自由に交換して読み合い，感想を伝え合う時間をできるだけ多くとるようにする。

4 振り返る 「人を引きつける表現」について振り返ろう。

「『人を引きつける表現』の学習を通して，学んだことや考えたことをまとめましょう。」

　ノートに書き終わった後，近くの人と交流する。

> 別のものに例えて表現すると，読み手の想像を働かせることができると分かりました。

> 一文字を変えるだけで，伝わる感じが大きく変わるということが分かりました。このことに気をつけていきたいです。

・これから何か文章を書くとき，読む人が興味をもってくれるような表現を使いたいと思います。

　近くの人と交流が終わったら，全体で交流し，学習をまとめる。

思い出を言葉に

◉ 指 導 目 標 ◉

・目的や意図に応じて，感じたことや考えたことなどから書くことを選び，伝えたいことを明確にすることができる。
・作品全体の構成や展開が明確になっているかなど，作品に対する感想や意見を伝え合い，自分の作品のよいところを見つけることができる。
・比喩や反復などの表現の工夫に気づくことができる。
・作品全体の構成や書き表し方などに着目して，作品を整えることができる。

◉ 指 導 に あ た っ て ◉

① 教材について

　　この学習は，小学校生活最後の「書くこと」の単元です。これまでに身につけた力を発揮し，伝えたいことを明確にして書き，互いに読み合うことができるようにしたいものです。入学してからこれまでの学校生活の中で，最も印象に残っていることを題材にします。詩や俳句，短歌などの表現形式の中から，伝えたいことにぴったり合う表現形式を選択して書いていきます。思い出の中から一瞬を切り取って，そのときの感情や思いを表現できるように工夫します。

② 主体的・対話的で深い学びのために

　　第 1 次では，題材選びが重要となります。6 年間の学校生活を振り返り，そのときに感じたことや思ったことを想起して，書く題材を絞っていきます。友達と思い出を共有しながら題材となる出来事を出し合います。自由に思い出を出し合うことができる雰囲気を大切にしたいです。
　　第 2 次では，書く題材について明確にしていきます。その際，学校生活に関する資料や写真があれば持ち寄り，出来事の様子やその中でもいちばん印象に残っていることなどを明確にしていきます。1 人での作業が多くなりますが，適宜グループの友達と相談してもよいことにしておくとよいでしょう。
　　俳句や短歌，詩などの中から表現形式を決めます。児童が最も伝えたいことが読み手に伝わるように表現の工夫をします。その際，前単元の「人を引きつける表現」の学習をいかして，一語一語を吟味しながら表現を工夫するようにします。互いに書いたものを読み合い，推敲します。推敲したことを参考にして，清書します。
　　第 3 次では，仕上げた作品を全員で読み合い，感想を伝え合います。そのときに，教科書 P211 を参考にして，互いの表現のよさを中心に感想を交流するようにします。最後に，単元の学習の振り返りをします。

◉ 評 価 規 準 ◉

知識 及び 技能	比喩や反復などの表現の工夫に気づいている。
思考力，判断力，表現力等	・「書くこと」において，目的や意図に応じて，感じたことや考えたことなどから書くことを選び，伝えたいことを明確にしている。 ・「書くこと」において，作品全体の構成や書き表し方などに着目して，作品を整えている。 ・「書くこと」において，作品全体の構成や展開が明確になっているかなど，作品に対する感想や意見を伝え合い，自分の作品のよいところを見つけている。
主体的に学習に取り組む態度	伝えたいことを明確にすることに粘り強く取り組み，学習の見通しをもって経験と自分にとっての意味について形式を選んで書こうとしている。

◉ 学 習 指 導 計 画　　全 7 時 間 ◉

次	時	学習活動	指導上の留意点
1	1	・学習の見通しをもつ。 ・6年間で最も印象に残った出来事について話し合う。 ・これまでの「書くこと」の学習で身につけてきたことを振り返り，「伝えたい思いを明確にして書こう」という学習課題を設定し，学習計画を立てる。	・学習課題をつかむ際に，目標を児童と共有するとよい。
2	2・3	・伝えたいことを明確にする。 ・印象に残っている出来事を詳しく思い出し，自分にとっての意味や価値などを考えて，伝えたいことを書き出す。 ・書き出したことの中から，何を中心に取り上げるのかを考える。 ・表現する形式を決めて，一度文章にしてみる。	・それぞれが持ち寄った資料の中から，題材を絞るようにする。 ・全員の作品をどのような形でまとめるのか話し合わせ，確かめておく。
	4・5	・決めた形式で，表現を工夫して書く。 ・教科書 P204「人を引きつける表現」や，P307，308「言葉の宝箱」を参考にして表現を選び，作品として仕上げる。 ・誤字等がないか，声に出して読むなどして確かめ，推敲する。	・教科書 P178 の推敲するときのポイントを共通理解した上で，下書きを読み合い，アドバイスし合う。
	6	・書き表し方を工夫して清書する。	・アドバイスし合ったことをいかして，清書する。
3	7	・作品を読み合って感想を交流し，学習を振り返る。 ・どの表現からどのような思いが伝わったか，感想を伝え合い，自分の作品のよさを見つける。	・友達の工夫しているところやよいと思うところを付箋に書いて交流できるようにする。 ・「ふりかえろう」で単元の学びを振り返るとともに，「たいせつ」「いかそう」で身につけた力を確かめる。

思い出を言葉に

第 **1** 時 （1/7）

本時の目標

学習課題を捉え，6年間で最も印象に残った出来事について話し合うことができる。

授業のポイント

児童にこれまでの小学校生活の思い出を出し合わせる。どのような出来事があったかを話し合わせることで，何を伝えたいかを見つけさせる。

本時の評価

学習課題を捉え，6年間で最も印象に残った出来事について話し合おうとしている。

板書例

〈対象〉誰に，何を，どのようにして伝えるのかを考えることで，児童は主体的に学習に取り組む

【学習課題】
小学校生活の思い出から、伝えたいことを明確にして、言葉で表現して読み合おう

学習計画
①伝えたい題材を決めよう
②伝えたいことを明確にしよう
③伝える表現形式を決めよう
④表現を工夫して書こう
⑤グループで読み合い、推敲（すいこう）しよう
⑥読み合って、感想を伝え合おう
⑦単元のふり返りをしよう

思い出すために役立つもの
・学級通信　・日記や作文　・写真
・映像　・お家の人へインタビュー

※児童の発言を板書する。

---

1 出し合う　印象に残っている学校生活を出し合おう。

「小学校生活があと少しとなってきました。今，小学校生活を振り返って，どんなことが心に残っていますか。」

ノートに自分が心に残っていることを書き出させる。書き出したことを全体で出し合う。

印象に残っていることが，たくさんありますね。それぞれに印象に残っていることは違います。その中でも，いちばん印象に残っていることを1つ選ぶとしたら何にしますか。

ぼくは，入学式のことです。今も昨日のことのように覚えています。

わたしは，今年の運動会が忘れられません。みんなで心を一つに頑張って，組体操を成功させたときのことが，印象に残っています。

出てきた出来事を板書して，整理していく。

2 めあてつかむ　単元の学習課題をつかみ，学習計画を立てよう。

「この学習では，思い出を俳句や短歌，詩などの短い言葉の作品に表現し，みんなで読み合います。」

・たくさんあるけど，いちばんの思い出は何かなあ。

「どのように進めていくのか，学習計画を立てましょう。」

印象に残っていることについて，それぞれが伝えていくためには，どのように学習を進めていくとよいでしょうか。

前の学習で「人を引きつける表現」の学習をしました。言葉にこだわって，表現を工夫して書く時間がいると思います。

まず，自分がいちばん伝えたい題材を決めないといけません。その伝えたいことが伝わる表現の方法を選ばないといけません。

学習課題を提示し，教科書 P208 の「学習の進め方」を確認した後，P208 ～ P211 を通読する。

ことができるでしょう。

思い出を言葉に

め 小学校生活をふり返って、印象に
残っている出来事を出し合おう

小学校生活をふり返って
・入学式　・一年生をむかえる会
・音楽会　・図工展　・社会見学　・運動会
・スポーツ交流会
・六年生を送る会　・自然学校

└┈┈┈┈┈┈┈┈┈┈┈┈┘
※児童の発言を板書する。

🔍 主体的・対話的で深い学び

・児童に意見を出させることで，学習に対する意欲を高めることができる。児童の発言を大切にしながら，学習計画を立て，単元の学習を進めていく。

準備物

---

3 交流する　　詳しく思い出すための資料を集めよう。

「6年間の小学校生活を思い出すために，どんなものがあればもっとよいでしょうか。」

　グループごとに話し合い，どのようなものがあればよいかを考える。

わたしは，3年生の頃の学級通信を持っているよ。それを見たら，運動会の様子が分かると思うよ。

ぼくは，写真がいいと思うよ。音楽会や運動会の写真がたくさん家にあるよ。

入学式のことは映像やお家の人へのインタビューで情報を集められそうだね。

確か，自然学校の思い出を作文にまとめなかったかな。家に保管してあったはずだよ。

全体で出し合い，次の時間に準備できそうなものは持ち寄らせる。(お家の人に確認してから持ってくるように必ず伝える)

---

4 振り返る　　学習を振り返り，次への見通しをもとう。

「あなたのみんなに伝えたいという題材がいくつか見つかりましたか。今日の学習を通して，考えたことや，次の時間からどんなことを頑張っていきたいか，振り返りをしましょう。」

ぼくは，いくつか伝えたいことが見つかったよ。どれがいちばんなのかは，もう少し考えたいな。

お家に帰って，学級通信や作文などがあるか，探してみよう。そうしたら，何を自分がいちばん伝えたいのか，分かってくるかもしれないね。

「学習計画に沿って，思い出を伝える俳句，短歌や詩を完成できるようにしましょう。次の時間に持ってくることができそうな人は，資料を持ってきてくださいね。」
・写真と日記を持ってこよう。

思い出を言葉に

第 2,3 時 (2,3/7)

本時の目標
伝えたいことを明確にすることに粘り強く取り組み，学習の見通しをもって，経験と自分にとっての意味について形式を選んで書くことができる。

授業のポイント
印象に残っている出来事を詳しく思い出し，その中からどの題材を中心に取り上げるのかを考えさせる。そして，自分が決めた表現形式で書かせる。

本時の評価
伝えたいことを明確にすることに粘り強く取り組み，学習の見通しをもって，経験と自分にとっての意味について形式を選んで書こうとしている。

板書例

〈発信〉どのような形式で情報を発信するのかを話し合って決めます。学年でも相談し，発信方法

○みんなの作品をどのような形でまとめるか

◎・ろうかにはり出す
・日めくりカレンダー
・思い出文集

‥‥‥‥‥‥‥‥‥‥
※児童の発言を板書する。

○これからの学習の流れ

① 一度、伝えたいことを文章で書く
② 表現を工夫して形式に合わせて書く
③ 推敲（すいこう）する
④ 清書する
⑤ 作品を読み合い、感想を伝え合う
⑥ ふり返りをする

---

1 交流する　持ち寄った資料を読み合おう。

（第2時）

「前の時間にお願いしていた資料を持ってきましたね。では，グループで持ち寄った資料を交流しましょう。」

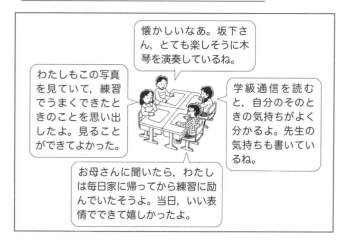

懐かしいなあ。坂下さん，とても楽しそうに木琴を演奏しているね。

わたしもこの写真を見ていて，練習でうまくできたときのことを思い出したよ。見ることができてよかった。

学級通信を読むと，自分のそのときの気持ちがよく分かるよ。先生の気持ちも書いているね。

お母さんに聞いたら，わたしは毎日家に帰ってから練習に励んでいたそうよ。当日，いい表情でできて嬉しかったよ。

「持ち寄った資料を読み合うことで，何か気がついたことはありますか。」
・そのときの自分の気持ちが思い出せました。
・友達と話すうちに，自分が忘れていた気持ちがよみがえってきました。

「では，伝えたい題材を決めていきましょう。」

---

2 決める 書く　伝えたい題材と内容を決めよう。

「これまで時間をかけて，題材を集めてきました。集まった題材から，いちばん伝えたい題材を1つ選びましょう。」
・わたしは，5年生の音楽会のことを紹介します。とても感動した思いを伝えたいです。
・ぼくは，6年生の運動会です。リレーを1位でゴールできたときの気持ちを表現したいです。

自分にとっての意味や価値，読む人に伝えたいことを表現するために，何を書くとよいでしょうか。

そのときの出来事と，その様子を読み手に詳しく伝えた方がいいと思います。

自分や周りの人がしたことや言ったこと，自分のそのときの思いを伝えるといいと思います。

「伝えたい内容を整理しましょう。」
書く内容を書き出し，優先順位をつける。

思い出を言葉に

め 伝えたいことを表現する形式を決めよう

○自分にとっての意味や価値 〕
　読む人に伝えたいこと 〕伝えたいこと

伝えるには
・出来事の様子
・自分や周りの人がしたこと、言ったこと
・自分のそのときの思い

※児童の発言を板書する。

🔍 主体的・対話的で 深い学び

・展開1のように実物を持ち寄り，交流することで，児童は出来事について詳しく思い出すことができる。

・展開3のように，児童と作品のまとめ方を共通理解することで，全体像がはっきりとし，見通しをもった学習をすることができる。

準備物

・行事の写真や作文など学校生活に関する資料

（個人で持っていなければ，学校に保管している学校行事の記録写真を活用するとよい）

---

3 （第3時） 対話する 決める　　表現する形式を決めよう。

「わたしたちがこれから作る作品をどのような形でまとめるとよいか，話し合いましょう。」

　　全員の作品をどのような形でまとめるのか，教科書 P208 の挿絵を基に考え，全体像を確かめる。

ぼくたちの思いを他の学年の人にも見てほしいです。だから，みんなが書いた作品を廊下に掲示したいです。

わたしは，日めくりカレンダーがいいと思います。卒業式まで一枚一枚めくりながら，「あんなこともあったな，こんなこともあったな」と思い出すことができるからです。

「伝えたいことを伝えるために，俳句，短歌，詩などの中から，表現する形式を選びましょう。」

・わたしは短い言葉で読み手に想像してもらうために，俳句で表現します。

---

4 書く　　伝えたい内容を文章にしよう。

「伝えたい題材について，自分の気持ちやどのようなことを読み手に伝えたいのかを明らかにして，一度，文章の形に整理しましょう。」

　　教科書 P210 を参照し，活動の見通しをもたせるとよい。また，今後の学習の流れを共通理解しておく。文章で書くことが難しければ，箇条書きで書かせる。

ぼくは，運動会のリレーでゴールテープを1位で切ったときの気持ちを伝えるぞ。あのときに自分が見た景色を伝えたいな。

わたしは，みんなと心を一つに頑張った組体操のことを書くよ。技が決まったときにもらった拍手の嬉しさとそのときの気持ちを伝えたいな。

書く時間をできるだけ確保する。

思い出を言葉に

第 4,5,6 時 (4,5,6/7)

本時の目標
比喩や反復などの表現の工夫に気づき，文章全体の構成や書き表し方などに着目して，作品を整えることができる。

授業のポイント
教科書 P210の「作品の例」を基に，表現の工夫に着目させる。また，付箋を使用して，グループでそれぞれの作品を読み合い，交流する。

本時の評価
比喩や反復などの表現の工夫に気づき，文章全体の構成や書き表し方などに着目して，作品を整えようとしている。

〈助言〉学ぶことは，何かに気づき，変わることです。互いにアドバイスし合うことで，自分の成

板書例

○二一〇ページ「作品の例」から気づいたこと
・言葉の書きかえ
きんちょう → どきどき
・文の順序の入れかえ
・文を短く区切る

※児童の発言を板書する。

○グループで読み合い、推敲しよう
・青の付せん　・・・アドバイス
・ピンクの付せん　・・・工夫しているところ

推敲する
清書する
※さし絵や模様をかいてよい

---

1 考える／確認する （第4時）
効果的に伝える工夫について考えよう。

「教科書 P210の『作品の例』を見ましょう。わたしたちと同じように，最初に文章に伝えたいことをまとめていますね。それを，自分が表現したい形式に仕上げていますね。どのような工夫が分かりますか。」

・「緊張」を「どきどき」に書き換えて，よく分かります。
・最後の2行の順番を変えていて，表現が工夫できています。
・「ぼくもこんなに小さかったのかな」で思い出していることがよく伝わってきます。

前の時間に書いた文章をそれぞれの選んだ表現形式に書き換えていきます。効果的に伝えるために，どのような工夫が考えられますか。

言葉や文の順序を変えたり，言葉のリズムを七五調のように整えたりするといいと思います。

前の「人を引きつける表現」で学習した比喩や繰り返しを使います。

2 書く
表現を工夫して書こう。

「先ほどみんなで確認した表現の工夫や，これまで学習してきたことをいかして，下書きを書いていきましょう。」

ぼくは，「言葉の宝箱」にある心情を表す言葉を使って，表現の工夫をしてみよう。

わたしは，詩で表現するよ。言葉のリズムがあると明るい感じになるから，そこを意識していきたいな。

　なるべく書く時間を確保する。隣やグループの人と相談してもよいことにする。早く終わった児童には，他の表現形式でも書かせる。

「書き終わったら，文字や言葉の間違いがないか確認しましょう。また，声に出して，調子のよさも確認しましょう。」

果と課題に気づき，修正することができます。

思い出を言葉に

め 表現の工夫をして作品を仕上げよう

○学習の流れ

① 一度、伝えたいことを文章で書く
② 表現を工夫して形式に合わせて書く
③ 推敲（すいこう）する
④ 清書する
⑤ 作品を読み合い、感想を伝え合う
⑥ ふり返りをする

---

3 (第5時) **交流する** グループで読み合い，推敲しよう。

「できた作品をグループの友達と読み合い，推敲しましょう。」
ピンクと青など付箋を2色用意する。ピンクの付箋には，「工夫しているところ」，青の付箋には「アドバイス」を書かせ，作品に貼らせて，回し読みさせる。

> 沼田さんの「晴れやかな気持ちになった大文字山から眺めた景色」という言葉の順序を入れ替えているのがいいね。

> 竹上さんの「嬉しかった」を「心に響いた」にした方が，表現はもっとよくなるよ。

> 中島さんの七五調のリズムが明るい気持ちを連想させるね。繰り返しを入れることで，もっとよくなりそうだね。

> 野上さんの二行目と三行目の文を入れ替えてみたらどうだろう。そうしたら，すごく感じがいいと思うよ。

「友達からもらったアドバイスを基に，もう一度自分の作品を推敲してみましょう。そして，作品の質を高めていきましょう。」

---

4 (第6時) **書く** 推敲したことを基に清書しよう。

「前の時間に友達と読み合って，作品を推敲しましたね。それを参考にして，今日は丁寧に作品を仕上げましょう。」

> 友達から繰り返す言葉があるといいってアドバイスされたよ。それを取り入れよう。

> わたしは，もう一回読み直して，心の様子がぴったりくる言葉を見つけて使いたいな。

清書は多くの人の目に触れる。誤字脱字がないように，細心の注意を払って仕上げさせる。早く終わった児童は，作品にふさわしい挿絵や模様をつけてよいことにする。

思い出を言葉に

第 7 時 （7/7）

本時の目標
友達の作品を読み合い，作品に対する感想や意見を伝え合うことで，自分の作品のよいところを見つけることができる。

授業のポイント
グループで交流した後，自由にクラスの友達の作品を読み合う時間を確保する。そして，付箋を利用して，感想を伝え合うことができるようにする。

本時の評価
友達の作品を読み合い，作品に対する感想や意見を伝え合うことで，自分の作品のよいところを見つけようとしている。

板書例

〈振り返り〉「知る」「書く」「つなぐ」の３観点で学習を振り返ります。メタ認知できる振り返り

④学習のふり返りをしよう

③友達からもらった感想を読んで感じたことを伝え合おう

②クラスの友達の作品を読み合い、感想を付せんに書いて伝え合おう

※教科書 P211「たいせつ」の拡大コピーを貼る。

※教科書 P211「ふりかえろう」の拡大コピーを貼る。

---

1 めあて つかむ　本時のめあてを確認しよう。

「清書した作品を，友達と読み合います。みんなは，どのような思い出を作品にしたのでしょうか。これから読むのが楽しみですね。」
　・早く読んでみたくなりました。
　・楽しみです。
「今日の学習のめあては，『作品を読み合い，小学校生活の思い出を思いうかべよう』です。今日の学習の流れを確認しましょう。」

感想を伝え合うときに，どんな観点で伝え合うといいかを確認しましょう。

どの表現からどんな思いが伝わってきたかを詳しく伝えるといいです。

表現の工夫について頑張ってきたから，表現のことについて伝える方がいいです。

　観点については，教科書 P211 の「たいせつ」や「ふりかえろう」を参考にするとよい。

2 交流する　グループで作品を交流しよう。

「それでは，グループの友達と作品を交流しましょう。読み合った感想を付箋に書いて，伝え合いましょう。」

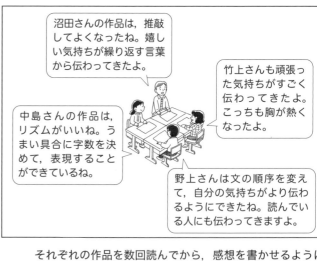

沼田さんの作品は，推敲してよくなったね。嬉しい気持ちが繰り返す言葉から伝わってきたよ。

竹上さんも頑張った気持ちがすごく伝わってきたよ。こっちも胸が熱くなったよ。

中島さんの作品は，リズムがいいね。うまい具合に字数を決めて，表現することができているね。

野上さんは文の順序を変えて，自分の気持ちがより伝わるようにできたね。読んでいる人にも伝わってきますよ。

　それぞれの作品を数回読んでから，感想を書かせるようにする。友達の作品のよいところを具体的に見つけて書かせる。友達の書いた感想を読んでから，交流させるとよい。

をすることで，次へとつながる学びになります。

思い出を言葉に

め　作品を読み合い、小学校生活の思い出を思いうかべよう

○今日の学習の流れ
①グループで交流しよう
・付せんに感想を書いて交流する
・おたがいに感じたことを伝え合う

主体的・対話的で深い学び

・展開2，3では，付箋を利用して感想を伝え合わせる。付箋を使うことによって，自分の作品に対する感想が形として残るとともに，展開4での振り返りにも有効活用ができる。

準備物

・付箋
・（黒板掲示用）教科書 P211「たいせつ」の拡大コピー
・（黒板掲示用）教科書 P211「ふりかえろう」の拡大コピー

3 交流する　全体で作品を交流しよう。

「次は，クラスの友達の作品を読んで，感想を付箋に書いて貼っていきましょう。」
　　　一人３枚程度の付箋を持ち，特に表現が工夫されている作品や思いが伝わってくる作品について，付箋に感想を書いて貼らせる。（作品そのもののよさを味わわせることをねらって活動する）

> 堀井さんの作品は，様子や心情を表す言葉が豊かな表現になっているね。ぼくも真似したいなあ。

> 笹部くんの運動会にかける思いの強さがびんびん伝わってくるよ。比喩が上手だなあ。

「自分の席に戻りましょう。友達からもらった感想を読んで，隣の人と感想を交流しましょう。」

4 振り返る　学習を振り返ろう。

「それぞれの作品を読み合い，懐かしい思い出がよみがえってきましたね。それでは，学習のまとめの段階に入りましょう。」
　　　教科書 P211 の「たいせつ」と「いかそう」を読み，これまでの学習を通して身についた力，今後活用することができる場面を確認する。
「『ふりかえろう』には，『知る』『書く』『つなぐ』の３つの項目があります。それぞれに対して，自分にどんな力がついたかを振り返り，感想を書きましょう。」

> ぼくは，「言葉の宝箱」にある心情を表す言葉を使って，表現の工夫をすることができました。

> わたしは，自分の気持ちを短い言葉で表現する力が伸びました。羽田さんのように比喩がもっと上手くなりたいです。

今，私は，ぼくは

● 指導目標 ●

・資料を活用するなどして，自分の考えが伝わるように表現を工夫することができる。
・文の中での語句の係り方や語順，文と文との接続の関係，話の構成や展開について理解することができる。
・話の内容が明確になるように，事実と感想，意見とを区別するなど，話の構成を考えることができる。

● 指導にあたって ●

① 教材について

　　卒業が目の前まで来ている頃，本単元は設定されています。児童は，中学生に向けての期待と，残り少ない小学校生活への寂しさや，これまでを振り返って懐かしく思うなど，様々な感情を抱いているでしょう。本単元では，将来の自分を思い描き，今の自分の率直な思いを，効果的な資料を提示しながらスピーチします。

　　人は聞く時の約80％の情報を，目から得ていると言われています。視覚に訴えることで，スピーチで大切にしたい情報や，自分自身の思いが聞き手に伝わりやすくなるのです。本単元を通して，資料を見せながら話すよさを体感させることが大切です。また，児童に「伝えたい情報を絞ること」や「絵や表にまとめること」など，資料作りのポイントにも気づかせます。

　　スピーチメモを作るときには，「ラベリング」と「ナンバリング」の技術を使って書くように指導します。話に小見出しをつけたり，数字を使って話の内容を整理したりすることで，話題が明確になるのです。話しやすいスピーチの組み立てにもなります。

② 主体的・対話的で深い学びのために

　　スピーチ指導では，実際に話している様子を見せることが効果的です。教師が手本を見せたり，代表者にスピーチをさせたりすることも考えられます。今回は，スピーチの動画を児童に見せます。スピーチのイメージを広げることや，表現の工夫を見つけることができます。

　　スピーチを構成する要素は，声のスピードや大きさ，目線や姿勢，表情，話の組み立て方や，言葉の使い方など多岐にわたります。資料を使うこと以外にも，このような表現の工夫ができるように指導するとよいでしょう。スピーチは，個人差が大きく出る場合があります。児童の心理面にも配慮しながら，自分自身での目標設定ができるようにします。

知識 及び 技能	文の中での語句の係り方や語順，文と文との接続の関係，話の構成や展開について理解している。
思考力，判断力，表現力等	・「話すこと・聞くこと」において，話の内容が明確になるように，事実と感想，意見とを区別するなど，話の構成を考えている。 ・「話すこと・聞くこと」において，資料を活用するなどして，自分の考えが伝わるように表現を工夫している。
主体的に学習に取り組む態度	資料を活用して自分の考えを表現することに意欲的に取り組み，聞き手の知識や反応等に応じてより効果的なスピーチにしようとしている。

● 学習指導計画　　全6時間 ●

次	時	学習活動	指導上の留意点
1	1	・これまでのスピーチで気をつけたことを振り返り，本時のめあてをつかむ。 ・スピーチの話題を決定する。	・資料を使って，スピーチをしている挿絵を見せて，単元のめあてを理解できるようにする。
2	2	・スピーチの話題について内容を集める。 ・「初め・中・終わり」の組み立てで，スピーチメモを書く。	・ラベリングやナンバリングを使って，聞き手が分かりやすい組み立て方ができるように指導する。
	3	・効果的な資料作りのポイントを知る。 ・資料作りをする。	・資料の例を提示して，効果的な資料のポイントを理解できるようにする。
	4	・スピーチの映像を見せて，表現の工夫を見つける。 ・スピーチの練習をする。	・表現の工夫を分類して板書する。 ・ペアでスピーチを見せ合う時間を設定し，表現の工夫を確認させる。
3	5・6	・スピーチ大会をする。 ・スピーチの感想を伝え合い，本単元の学習のまとめをする。	・話し手と聞き手の両方のめあてを決めて，スピーチ後の感想やまとめの場面で振り返ることができるようにする。

DVD 収録（児童用ワークシート見本，資料） ※本書 P167，169「準備物」欄に掲載しています。

今，私は，ぼくは

第 ① 時 （1/6）

本時の目標
単元の学習の見通しをもち，スピーチの話題を決めることができる。

授業のポイント
今回確認する「スピーチのポイント」や「資料の効果」は，これからの学習へとつながるため，しっかりと押さえる。

本時の評価
単元の学習の見通しをもち，友達の考えを参考にしながらスピーチの話題を決めている。

〈言葉の意味を具体化する〉本時では「効果的」という言葉の意味を具体化するために，資料を使

板書例

> スピーチのテーマ
> 「将来の自分に言いたいこと」

> ・将来の夢や目標・小学校生活の思い出など

資料を使ったスピーチの効果
・自分の思いを伝えやすい
・話すポイントがはっきりとする
・困ったときに確認できる
―――――
・内容が分かりやすくなる
・聞き取れなかったときに確認できる
・聞くことに集中できる

・将来の夢
・こんな人になっていて欲しい
・楽しかった六年〇組の仲間のこと
・今，私が大切にしているもの
・・・

※児童が考えたスピーチの話題を板書させる。　　　　　　　※児童の発言を板書する。

---

1 振り返る　これまでのスピーチで気をつけたことを振り返ろう。

　黒板に「スピーチ」と書き，『読める人？』と問う。誰でも読める簡単な問いから入り，全員の参加を促すこと，本時の中心となる言葉から入り，見通しをもたせることの２つのねらいがある。

「これまでのスピーチでは，どのようなことに気をつけていましたか。話すときと聞くときのそれぞれについて考えましょう。」

　ノートに，話し手と聞き手に分けて箇条書きさせる。

「それでは，発表しましょう。」

　ここでは，列指名などでテンポよく確認する。

後ろの人まで聞こえる声で話します。

目線を変えながら話すことです。

うなずきながら聞くと話しやすくなります。

2 つかむ　本時の学習のめあてを確認し，見通しをもとう。

　黒板に書かれた話し手，聞き手のそれぞれのポイントを押さえた上で，教科書 P212 の挿絵に注目させる。

このイラストでスピーチしている人は，どんな工夫をしていますか。

話す内容を見せながら，スピーチしています。

　児童の発言を聞いた後，黒板に「資料を使って，効果的なスピーチをしよう」と書く。

「今回は，このような資料を使ったスピーチをします。ここに『効果的なスピーチ』とありますが，資料を使ったスピーチには，どんな効果があるのでしょうか。」

・聞いている人に，分かりやすいスピーチになります。
・自分が言いたいことが，より伝えやすくなります。

　単元の目標を児童の言葉で確認するとよい。

うと話し手や聞き手に，どんな効果があるのかを考えています。

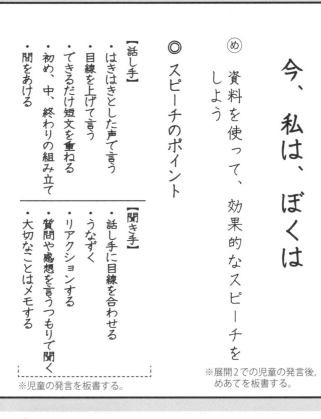

今、私は、ぼくは

め 資料を使って、効果的なスピーチをしよう

◎ スピーチのポイント

【話し手】
・はきはきとした声で言う
・目線を上げて言う
・できるだけ短文を重ねる
・初め、中、終わりの組み立て
・間をあける

【聞き手】
・話し手に目線を合わせる
・うなずく
・リアクションする
・質問や感想を言うつもりで聞く
・大切なことはメモする

※展開2での児童の発言後、めあてを板書する。

※児童の発言を板書する。

主体的・対話的で深い学び

・今回の単元のめあては「資料を使って，効果的なスピーチをしよう」である。そこで，資料を使うとどのような効果があるのかを考える時間を取り，学ぶ目的を明確にする。ここでの押さえが，第3時の資料作りにもいかされる。
・スピーチのテーマは，「将来の自分に言いたいこと」にした。この大テーマに沿って，一人ひとりが自分の話題を設定できるようにする。

準備物

3 考える　スピーチの話題を考えよう。

　　教科書 P212 のリード文を読む。
「今回は，『将来の自分に言いたいこと』というテーマでスピーチをします。何か質問はありませんか。」
・将来の自分とは，大人になった自分のことですか。
・小学校での思い出を話してもいいんですか。
　　質問された内容を全体で共有し，見通しをもたせる。

「それでは，今回のテーマを基に何を伝えたいかを考えます。ノートに箇条書きでたくさん書きましょう。」

楽しかった修学旅行の思い出を伝えたいな。

夢に向かって頑張っているかを聞きたいな。

　　なかなか書けない児童への手立てとして，たくさん書いている児童を指名し，黒板に書かせるなどの手立てが必要。

4 決める　スピーチの話題を決めよう。

「ノートにたくさん箇条書きしていますね。今からその中で，自分がいちばんスピーチしたいと思うものを決めます。決めたら，その番号に赤丸を入れましょう。」

「将来，こんな自分になっていて欲しい」というテーマにしようかな。

どれにしようかな。自分の今の思いを話したいな。

　　すぐに決められない児童も出てくるだろう。「あとから変えてもいい」と伝えるなどの言葉かけが必要である。また，決めた児童から教師のところにノートを持って来させ，決めた内容を黒板に書かせて，比較できるようにする。
「最後に，これからの学習の流れを説明します。」
　　学習の進め方「①スピーチの構成を考える，②資料を準備する，③スピーチの練習をする，④スピーチをして感想を伝え合う」を伝えて，見通しをもたせる。

今，私は，ぼくは

第 2 時 （2/6）

本時の目標
話題について内容を書き出し，構成を考えてスピーチメモを作ることができる。

授業のポイント
事実と意見を区別しながら内容を整理できるようにする。「初め・中・終わり」の構成で書けるようにする。

本時の評価
話題について内容を書き出し，構成を考えてスピーチメモを作ろうとしている。

板書例

〈ラベリングとナンバリング〉話に小見出しをつけたり（ラベリング），数字を使って話の内容を整理した

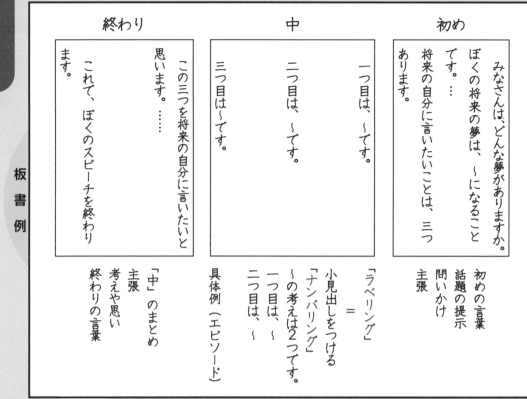

初め

みなさんは、どんな夢がありますか。

ぼくの将来の夢は、〜になることです。…

将来の自分に言いたいことは、三つあります。

- 初めの言葉
- 話題の提示
- 問いかけ
- 主張

中

一つ目は、〜です。

二つ目は、〜です。

三つ目は〜です。

- 「ラベリング」＝小見出しをつける
- 「ナンバリング」〜の考えは2つです。一つ目は、〜二つ目は、〜
- 具体例（エピソード）

終わり

この三つを将来の自分に言いたいと思います。……

これで、ぼくのスピーチを終わります。

- 「中」のまとめ
- 主張
- 考えや思い
- 終わりの言葉

---

1 つかむ　教師への質問を通して，スピーチの内容について知ろう。

授業開始とともに，黒板に「将来の夢」と書く。
「先生は，『将来の夢』についてスピーチすることにしました。あなたは聞く側として，どんなことを聞いてみたいですか。ノートに質問をたくさん書きましょう。」
質問を箇条書きでたくさん書かせる。その後，列指名などで順番に発表させる。

将来の夢は何ですか。（プロ野球選手です）

プロ野球選手になろうと思ったきっかけは何ですか。

少年野球大会で優勝したとき，どんな気持ちでしたか。

児童の質問の内容を短い言葉で板書する。
「黒板に書かれた言葉は，スピーチの内容と言えます。今日は，このようにスピーチの内容を集めて整理し，スピーチメモを作りましょう。」

2 考える　話題についての内容を集めよう。

黒板に「事実」と「意見」と書き，それぞれの意味を確認する。国語辞典があれば，調べさせるとよい。

黒板に書かれた内容を，事実と意見に分けましょう。

優勝したときに、努力してよかったと思ったのは意見です。

少年野球大会で優勝したことは、事実です。

1つずつ，事実か意見かを分ける。色分けするとよい。

「スピーチでは，事実と意見を区別して伝えます。それでは，今からノートに話す内容を箇条書きしましょう。」
黒板に書かれた言葉を確認したり，個別に支援したりして，複数の内容が書けるようにする。

「その中から，特に話したいことを3つ囲みましょう。」

り（ナンバリング）して，聞き手が分かりやすい伝え方を工夫します。

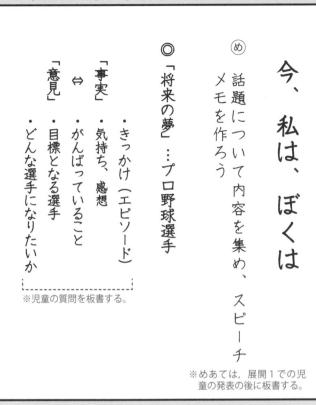

今、私は、ぼくは

め 話題について内容を集め、スピーチメモを作ろう

◎「将来の夢」…プロ野球選手

「事実」⇔「意見」

・きっかけ（エピソード）
・気持ち、感想
・がんばっていること
・目標となる選手
・どんな選手になりたいか

※児童の質問を板書する。

※めあては、展開1での児童の発表の後に板書する。

主体的・対話的で深い学び

・話の内容と聞いても，イメージができずになかなか書けない児童がいる。そこで，導入部で簡単な質問のやり取りをして，話す内容を全体で共有する。全員参加を促すための手立てとなる。
・スピーチメモを作るときには，ラベリングとナンバリングの指導をする。小見出しをつけることや数字で話の内容を整理することで，聞き手にとって分かりやすい話になる。

準備物

・ワークシート「スピーチメモ」
（児童用ワークシート見本  収録【6下_18_01】）
・（あれば）国語辞典

---

3 考える　スピーチの組み立てと、スピーチメモを作るポイントを知ろう。

「初め・中・終わり」の組み立てで話すことを確認し、それぞれの話す内容について考える。

「初め」には、どんなことを話すのでしょうか。

これから話す話題を言います。

将来の自分への問いかけを言います。

これまでのスピーチの経験や説明文の学習から考えさせる。「中・終わり」についても確認する。

「スピーチでは，話題や結論から話すと分かりやすいです。その後に，理由やエピソードを説明します。また，話す内容に番号をつけると整理された話ができます。」

「ラベリング」と「ナンバリング」について、黒板に書きながら説明する。

4 書く　スピーチメモを作ろう。

スピーチメモを書くワークシートを配る。

「ラベリングやナンバリングを使って，ワークシートにスピーチメモを書きましょう。」

ワークシートには、書くことが苦手な児童や、書き方が分からない児童の手立てとして、「初め・中・終わり」のそれぞれの書くときの手引きを入れている。

「初め」の出だしは、問いかけを入れてみよう。

どの順番で話すと聞く人に伝わるかな。

ここで書くのは「メモ」である。整った文章を書く指導ではない。話し言葉は、その場に応じて内容を変えられるなどのよさがある。そのことを伝えることで、児童の書くことへの抵抗も下がるだろう。

今，私は，ぼくは

第 3 時 （3/6）

本時の目標
スピーチで提示する効果的な資料を準備することができる。

授業のポイント
実際に資料を見せることで児童がイメージをもつことができる。数種類の拡大した資料を準備し，それぞれの効果を考える。

本時の評価
スピーチで提示する効果的な資料を準備している。

板書例

〈比較する〉導入部で，情報量の多い資料と少ない資料の２枚を提示します。比較することで，効

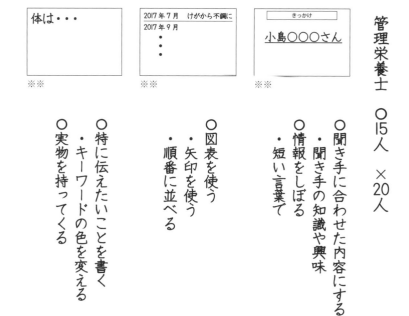

体は・・・
※※

2017年7月　けがから不調に
2017年9月
：
※※

きっかけ
小島〇〇〇さん
※※

管理栄養士
〇15人　×20人

〇聞き手に合わせた内容にする
・聞き手の知識や興味
〇情報をしぼる
・短い言葉で
〇図表を使う
・矢印を使う
・順番に並べる
〇特に伝えたいことを書く
・キーワードの色を変える
〇実物を持ってくる

※※　教科書 P214 矢島さんの提示する資料」の拡大コピーを貼る。
※※※「効果的な資料」ではない例を準備して貼る。

1 つかむ　効果的な資料とは何かを考え，本時のめあてをつかもう。

授業開始とともに，２枚の資料を提示する。<u>無言で貼り出すことで，児童の集中を黒板に集める。</u>
「今回の<u>スピーチの大切な役割を果たす資料作り</u>をします。」
大まかに本時の活動を予告する。

Aの資料とBの資料，どちらが分かりやすいですか。

Aの方は，情報が少なくて見やすいです。

Bは，文字が多すぎて，大切なことが分かりづらいです。

<u>AとBの資料を比較しながら発言させる。</u>

「このように，自分の伝えたいことが聞き手により伝わった方が効果的な資料と言えます。この時間は，効果的な資料を作りましょう。」

2 知る　効果的な資料作りのポイントを確認しよう。

めあてを確認後，黒板に「管理栄養士」と書く。まずは，この漢字が読めるかどうかを確認する。その後，聞き手がもっている知識を確認する。

管理栄養士という言葉を知っていますか。

栄養を管理する人かな。初めて聞いたな。

聞いたことはあります。

「管理栄養士については知っている人とそうでない人がいますね。このように，<u>聞き手がもっている知識や興味・関心に合わせて資料を作ることがポイント</u>です。」

教科書 P214 の資料作りのポイントを確認する。その際，「矢島さんの提示する資料」を黒板に提示するとよい。

果的な資料作りのポイントに気づくことができます。

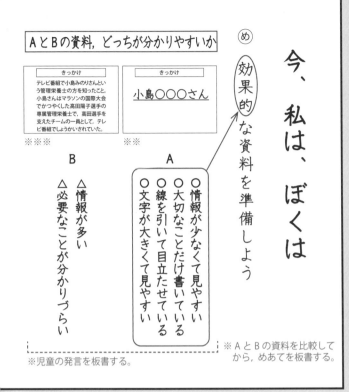

板書例：

めあて：今、私は、ぼくは　効果的な資料を準備しよう

「AとBの資料、どっちが分かりやすいか」

B
きっかけ
テレビ番組で小島みのりさんという管理栄養士の方を知ったこと。小島さんはマラソンの国際大会でかつやくした高田陽子選手の専属管理栄養士で、高田選手を支えたチームの一員として、テレビ番組でしょうかいされていた。
※※※

A
きっかけ
小島○○○さん
※※

B
△情報が多い
△必要なことが分かりづらい

A
○情報が少なくて見やすい
○大切なことだけ書いている
○線を引いて目立たせている
○文字が大きくて見やすい

※AとBの資料を比較してから、めあてを板書する。

※児童の発言を板書する。

主体的・対話的で深い学び

・本時では、効果的な資料作りのポイントを知ることが大切である。しかし、「効果的な」という言葉を聞いても児童には伝わりにくいだろう。そこで、資料の例のどこが効果的かを考える時間を取りたい。よい例と悪い例を提示することや、教科書に提示されたポイントが、提示した資料の、どこと対応しているのかを見つける活動によって、理解を深めたい。

準備物

・教科書 P214「矢島さんの提示する資料」の拡大コピー
・黒板掲示用資料（「効果的な資料」ではない例）
　DVD 収録【6下_18_02】
・前時に書いたスピーチメモ
・画用紙
・マジック

きっかけ
テレビ番組で小島みのりさんという管理栄養士の方を知ったこと。小島さんはマラソンの国際大会でかつやくした高田陽子選手の専属管理栄養士で、高田選手を支えたチームの一員として、テレビ番組でしょうかいされていた。

---

3 見つける　スピーチメモを見直し、要点を整理しよう。

前時に書いたスピーチメモを準備する。

「資料を作る前に、必要な情報に印を入れましょう。」
　資料に入れる言葉は、赤で囲む、特に伝えたいことは、赤線、絵や図、表にしたいものには青線を引くように指示する。

　教科書 P214 の「矢島さんの提示する資料」と、「矢島さんのスピーチ」を見て、要点のまとめ方や、特に伝えたいことの例を参考にする。時間があれば全体で確認する。

できるだけ短い言葉にして、あとは話せばいいな。

これは説明が難しいから、実際に持ってきて見せようかな。

---

4 書く　効果的な資料を準備しよう。

「それでは、効果的な資料作りのポイントをいかして資料を作りましょう。」
　事前に画用紙や、マジックを準備する。
　資料作りに十分な時間が取れる場合には、パソコンを使ってスライドを作成させるのもよい。

文字はできるだけ大きく書いて、大切な言葉は赤で書こうかな。

矢印を使うと、出来事の流れが分かりやすいかもしれないな。

　モデルになる資料を取り上げ、そのポイントを全体で共有することで、効果的な資料作りにいかせるようにする。実物を持ってきて見せるなどの方法も考えられる。学級の実態に合わせて指導を行う。

今，私は，ぼくは

第 4 時 （4/6）

本時の目標
スピーチをするときに気をつけることを意識して練習することができる。

授業のポイント
実際にスピーチの映像を見せて，気をつけることのイメージをもてるようにする。ペアで練習して，よりよいスピーチを目指す。

本時の評価
スピーチをするときに気をつけることを意識して練習している。

板書例

〈映像を見せる〉映像を見せ，スピーチで気をつけることを確認します。実際のスピーチを見た方が，

【スピーチの練習】

① 一人で練習（5分）
② ペアで練習（5分）
 ☆よかった点…二つ
 ★やさしいアドバイス…一つ
③ 一人で練習（残り時間）

工夫
・資料は全体に見せる
・間を取る
・思いをこめて話す

態度・表情
・話すときに，聞き手を見る
・聞き手の表情を見る
・目線を変える
・姿勢がいい

※児童の発言を内容によって分類して板書する。

---

1 つかむ　スピーチの映像を見て，スピーチをするときのポイントを知ろう。

「これまで，スピーチメモや資料を準備してきました。今日は，スピーチの練習をします。」
　　本時のめあてを提示する。

「これから実際に，『矢島さんのスピーチ』の映像を見てもらいます。後から，どこがよかったかを聞きますよ。」
　　教科書 P215 の二次元コードを読み取り，モデルスピーチの映像を流す。（流せない場合は，教師がモデルになってスピーチをするとよい）

それでは，矢島さんのスピーチのよかったところをノートに箇条書きしましょう。

資料を見せるときに，間をしっかり取っていたよ。

目線を変えながら話していたな。

書いたことをペアで交流する時間を取る。

2 分類する　スピーチの映像で見つけたポイントを発表して，仲間分けしよう。

「先ほどのスピーチの映像を見て，どんなところがよかったかを発表しましょう。」
　　まずは，列指名でテンポよく発言させる。
・目線を変えながら話していました。
・資料を見せるとき，左右に向きを変えていました。
・特に伝えたいことは，ゆっくりと大きな声でした。

　　児童の発言内容によって，場所を変えながら板書する。途中から，どの場所に書くかを児童と考える。

話すスピードを変えていました。

先生は「話すスピード」をどこに書くと思いますか。

「話すスピード」は，「ゆっくりと話す」の近くかな。

児童と発言を分類していく。

目線や身振り手振りなど，非言語のポイントもつかみやすくなります。

今、私は、ぼくは

⊛ スピーチのポイントに気をつけて練習しよう

声	内容

声
・特に伝えたいときには、大きな声でゆっくりと話す
・声の大きさを変える
・句点まではっきりとした声で言う
・早口にならないようにする

内容
・特に伝えたいことを言う
・問いかけを入れる（〜を知っていますか）
・終わりの言葉を言っている

🔍 主体的・対話的で深い学び

・スピーチで気をつけることを確認するために，映像を流す。児童は，様々なポイントに気づくだろう。それらを分類しながら黒板に示し，ポイントの整理をする。話すときには，声だけでなく，非言語の要素も大切だということに気づかせる。

・練習では，ペアで見せ合う時間を取る。その際は，黒板に整理したポイントを参考に，よかった点2つとアドバイス1つを伝え合う。

準備物

・「矢島さんのスピーチ」の映像（教科書P215の二次元コードより）
・名札（必要であれば）
・第2時で書いたスピーチメモ

---

3 決める　今日の練習で気をつけるポイントを決めよう。

「『特に伝えたいときには，大きな声で言う』，『声の大きさを変える』，どんな小見出しをつけますか。」
　・「声」がいいと思います。
　　仲間分けしたそれぞれの内容に，小見出しをつける。教師がヒントを出しながら，短い言葉でまとめていく。
「話すときには『声，表情，内容，工夫』といったポイントに気をつけます。それでは，この中から今日の練習で自分がいちばん大切にしたいポイントを決めましょう。」

声の大きさやスピードに気をつけて話そう。

資料を見せるときに，間を大切にして話したいな。

名札を黒板に貼って，意思決定させてもよい。

4 練習する　自分が決めたポイントを意識してスピーチの練習をしよう。

「先ほど決めたポイントを意識してスピーチの練習をしましょう。」
　　次のような練習の流れを説明する。
　　①個人練習【5分】
　　②ペアでスピーチを見せ合う【5分】
　　　（よかったところ2つ，アドバイス1つを伝え合う）
　　③個人練習【残り時間】

意識しているのが分かったよ。もう少しゆっくりでもいいかもね。
特に伝えたいところで，ゆっくり話してみたんだけど，どうだったかな。

教科書P214「矢島さんのスピーチ」を参考に，スピーチメモに気をつけたいポイントを書き込むとよい。

今, 私は, ぼくは

第 **5,6** 時 (5,6/6)

本時の目標
場面や聞き手に合わせて, 使う言葉や話し方, 資料の見せ方を工夫してスピーチができる。

授業のポイント
スピーチで気をつけたいことを黒板に整理し, 自分や友達のスピーチの振り返りに活用させる。

本時の評価
場面や聞き手に合わせて, 使う言葉や話し方, 資料の見せ方を工夫してスピーチしている。

板書例

〈視点をもたせる〉自分や友達のスピーチを振り返る際に, 黒板に書かれた「話すときのめあて」

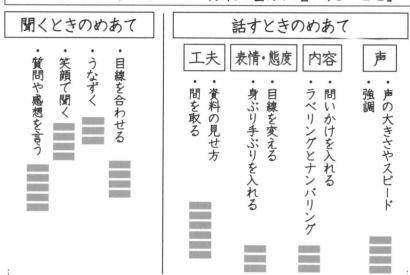

6年○組 スピーチ大会
スピーチのテーマ「将来の自分に言いたいこと」

聞くときのめあて
・目線を合わせる
・うなずく
・笑顔で聞く
・質問や感想を言う

話すときのめあて

工夫	表情・態度	内容	声
・間を取る ・資料の見せ方	・目線を変える ・身ぶり手ぶりを入れる	・問いかけを入れる ・ラベリングとナンバリング	・声の大きさやスピード ・強調

※児童が決めためあてを板書する。
※自分で決めためあてに名札を貼らせる。

---

1 つかむ　本時の学習の流れを知り, スピーチ大会でのめあてを決めよう。

「いよいよスピーチ大会です。この時間は, クラスの半分の人がスピーチをします。」
　学習の流れを確認し, スピーチ大会のめあて（話し手と聞き手）を決める。その際, 前時に見た映像（教科書 P215 の二次元コードより）を流すとよい。

スピーチ大会では, どんなことに気をつけますか。

資料を見せるときに, 聞き手をしっかり見ます。

友達のよいところを見つけながら聞きます。

　話し手と聞き手, それぞれのめあてを黒板に書く。
「自分のめあてを決めて, 名札を貼りましょう。」
　名札を貼ることで, 誰が何に気をつけるのかを視覚化する。振り返るときの指標になる。

2 話す 発表する　スピーチをしよう。

「スピーチの後に, 質問や感想を伝える時間を取ります。聞く人は, 話す人のよいところを見つけたり, 内容をよく聞いて質問を考えたりしましょう。」
　「聞いたら質問や感想を言う」など, 聞いた「次」を意識した聞き方ができるように指導することが大切である。

「それでは, 順番にスピーチをしましょう。」

みなさんには, 将来の夢はありますか。
わたしの将来の夢は, …です。

「○○さんのスピーチを聞いて, 感想や質問を言いましょう。」
　全体の時間配分を考えて, 数名に発言させる。

172

に書かれた内容を使って，聞いたり話したりできるようにします。

今、私は、ぼくは

め 自分のめあてを決めてスピーチ大会をし、感想を伝え合おう

〈スピーチ大会の進め方〉
① 話すとき、聞くときのめあてを決める
② スピーチをする
③ 質問や感想を発表する
※②、③をくり返す
④ スピーチの感想を伝え合う

主体的・対話的で 深い学び

・導入部で，一人ひとりにめあてをもたせる。名札を貼ることで，「どんなことに気をつけて話すのだろう」という聞き手の視点にもなる。スピーチ後の感想や振り返りをするときも，黒板に書かれためあてを参考にできる。
・友達のスピーチを聞いて，感じたことや考えたことを伝え合う場面では，自由に立ち歩いて複数の友達と交流し，学びを広げたり深めたりする。

準備物

・「矢島さんのスピーチ」の映像（教科書 P215の二次元コードより）
・名札
・前時までに作成したスピーチメモや資料
・封筒

---

3 書く 話し合う 友達のスピーチを聞いて，感じたことや考えたことを伝え合おう。

「友達のスピーチを聞いて，感じたことや考えたことをノートに書きましょう。」
　　黒板に書かれたポイントを参考に，自分や友達のスピーチについて書けるようにする。

「書いたことを，友達と伝え合いましょう。」
　　自由に立ち歩いてペアを作り，感想を伝え合う。

資料を見せるときに，左右の人にも見せていたのがよかったよ。

修学旅行での思い出を語るときの笑顔がすごくよかったわ。

　　時間があれば，全体で発表する時間も取る。

---

4 振り返る 教科書 P215 の「ふりかえろう」で，単元の学びを振り返ろう。

　　第5時は，クラスの半分がスピーチをして，展開1〜3をする。第6時は，残りの半分がスピーチをして，展開1〜3をした後，展開4で単元の学びを振り返る。

「今回のスピーチの振り返りをしましょう。」
　　教科書 P215の「ふりかえろう」の3つの質問について，自分の考えをノートに書かせる。

聞き手に伝わりやすいように，ラベリングやナンバリングを使ったね。

これからも，資料を使って分かりやすいスピーチをしたいな。

　　時間があれば，ペアや全体で交流させる。
「今回のスピーチメモは，封筒に入れます。将来の自分に残しておきましょう。」

漢字の広場6

◉ 指導目標 ◉

・第5学年までに配当されている漢字を書き，文や文章の中で使うことができる。

・書き表し方などに着目して，文や文章を整えることができる。

◉ 指導にあたって ◉

① 教材について

　　児童にとって，小学校生活を振り返る時期に差し掛かってきました。この学習では，小学校生活の中で，いつ，どんなことがあったのか，そのとき，どんな気持ちだったのかを想像して文章に書きます。挿絵を手掛かりに想像して，文章作りをします。絵から想像を膨らませるという，どの児童にも書きやすい内容になっています。これまでに学習した漢字を想起しやすいとともに，楽しく漢字の復習ができる教材となっています。

② 主体的・対話的で深い学びのために

　　この学習では，絵から想像して文章を書きます。児童は，自分の体験とつなげると書きやすくなるでしょう。文作りの前に，「どのような様子が想像できますか」と問いかけ，自由にお話を想像する活動を取り入れるとよいでしょう。そうすることで，文作りが苦手な児童もイメージしやすくなるでしょう。文作りをした後，それぞれが作った文を交流し合います。1時間の配当のため，重点的に復習する漢字を選ぶ，作文が進まない児童には友達が作った文を写してもよいことにするなどの対応を考えます。

◉ 評 価 規 準 ◉

知識 及び 技能	第5学年までに配当されている漢字を書き，文や文章の中で使っている。
思考力，判断力，表現力等	「書くこと」において，書き表し方などに着目して，文や文章を整えている。
主体的に学習に取り組む態度	第5学年までに配当されている漢字を積極的に使い，学習課題に沿って文章を書こうとしている。

◉ 学 習 指 導 計 画　全 1 時 間 ◉

次	時	学習活動	指導上の留意点
1	1	・5年生までに学習した漢字を声に出して正しく読む。 ・教科書の絵を見て，どのような小学校生活だったのかを想像する。 ・提示された言葉を使って，5年生までに習った漢字を正しく用いて，例にならって，いつ，どんなことがあったのか，そのとき，どんな気持ちだったかを文章に書く。	・声に出してこれまでに学習した漢字を正しく読めるかどうかをペアでチェックし合う。間違えたり，正しく読めなかったりした漢字は，繰り返して読む練習をするように促す。 ・挿絵から自由に想像を膨らませ，分かりやすい文章を書かせる。

DVD **収録（イラスト, 漢字カード）** ※本書 P178, 179 に掲載しています。

漢字の広場6

本時の目標
第5学年で学習した漢字を使って、絵を見て小学校生活の出来事を想像し、様子の分かる文章を書くことができる。

授業のポイント
ペアやグループの人と挿絵からどのようなお話が想像できるかを話し合い、イメージを十分膨らませる。書く時間も十分取って、漢字の定着を図る。

本時の評価
与えられた語を用いて進んで文を書き、よりよい文となるよう整えることで、第5学年までに配当されている漢字に習熟しようとしている。

〈創作〉自分たちの学校生活を思い出しながら、お話を創作するとよいでしょう。素敵なお話が誕

板書例

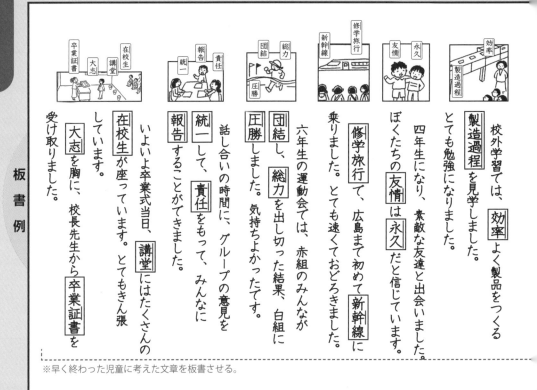

校外学習では、効率よく製品をつくる製造過程を見学しました。とても勉強になりました。

四年生になり、素敵な友達と出会いました。ぼくたちの友情は永久だと信じています。

修学旅行で、広島まで初めて新幹線に乗りました。とても速くておどろきました。

六年生の運動会では、赤組のみんなが団結し、総力を出し切った結果、白組に圧勝しました。気持ちよかったです。

話し合いの時間に、グループの意見を統一して、責任をもって、みんなに報告することができました。

いよいよ卒業式当日、講堂にはたくさんの在校生が座っています。とてもきん張しています。

大志を胸に、校長先生から卒業証書を受け取りました。

※早く終わった児童に考えた文章を板書させる。

---

1 音読する　5年生の漢字を声に出して読もう。

「5年生までに習った漢字が出ています。ペアの人と読み方を確かめましょう。」

5年生までに覚えられなかった児童、一度覚えたけれど忘れてしまった児童もいる。読みの段階から、丁寧に取り組ませる。

右上の場面から順番に読んでいくよ。全部読めるかなあ。「さくら」、「こうしゃ」、「しゅうかん」…。

ちゃんと読めたね。じゃあ、次はわたしの番ね。

「漢字の広場」は、1時間だけの配当なので、学習の流れを児童に覚えさせ、効率的に進めていく。

2 対話する　どのようなお話なのか、想像してみよう。

どんな出来事があったのか、絵から想像を広げてみましょう。

ぼくは入学式の日に、お母さんと記念撮影をしたよ。照れくさかったなあ。

話し合いの授業は、今も覚えているわ。楽しかったなあ。

絵にどのようなものが出てくるかを簡単に確認していく。
文章を書くための素材を見つける活動である。詳しく見ている児童の意見を広めたり、絵から想像できることを発表させたりして、文章にすることをできるだけたくさん見つけさせる。

・修学旅行にも行ったね。初めて新幹線に乗ったよ。
・卒業式の場面もあるね。

生するかもしれません。

漢字の広場6

め
五年生までに習った漢字を使って、小学校生活で
どのような出来事があったのかを文章にまとめよう

　入学式の日、 校舎 をバックに 桜 の
木の下で記念さつえいをしました。
少しはずかしかったてす。

　サッカークラブに 所属 し、 基本 練習を
がんばったおかげて、ドリブルが 得意 に
なってうれしかったです。

※※教科書 P216の挿絵の拡大コピーを場面ごとに切り離して貼る。
　イラストの上に漢字カードを貼る。児童が使用した漢字カードを移動する。

主体的・対話的で深い学び

・挿絵からお話を考えたり，想像を膨らませたりすることは，どの児童にとっても，楽しい活動となるだろう。想像を膨らませて，友達と考えたお話を交流することによって，文章作りがスムーズになる。

準備物

・教科書 P216の挿絵の拡大コピー
　（黒板掲示用イラスト DVD 収録【6下_19_01】）
・漢字カード DVD 収録【6下_19_02】

---

3 書く　出来事や様子，気持ちが分かる文章を書こう。

「それぞれの場面で，どんな出来事なのか，そのとき，どんな気持ちだったかを想像して文章を書きましょう。」

　なるべく文章を書く時間を確保する。
　困ったら隣や同じ班の友達に，アドバイスをもらったり，質問したりしてもよいことにする。
　早く終わった児童には，黒板に考えた文章を書かせる。

「漢字を正しく書いているか，言葉の意味を正しく使っているか，もう一度読んで，見直しましょう。」

---

4 交流する　書いた文章を交流しよう。

「出来上がった文章を声に出して読んでみましょう。」
　作った文章をペアやグループの人と読み合い，文章をよりよくするためにアドバイスし合い，交流させる。

　時間が足りないことも考えられるため，グループの中でノートを回す，グループの中でおすすめの文章を1つずつ紹介するなどの工夫もする。時間があれば，全体でいくつか作った文章を発表させるとよい。

	恩師	所属	新幹線	紀行文	在校生
編集	基本	習慣			
圧勝	団結	効率	友情	得意	講堂
修学旅行	総力	永久	授業	報告	大志
	製造過程	校舎　桜	卒業証書	責任	構成
				統一	経験

海の命

全授業時間 6 時間

◉ 指導目標 ◉

・文章を読んでまとめた意見や感想を共有し，自分の考えを広げることができる。
・人物像や物語の全体像を具体的に想像したり，表現の効果を考えたりすることができる。
・文章を読んで理解したことに基づいて，自分の考えをまとめることができる。
・語句と語句との関係，語感や言葉の使い方に対する感覚を意識して，語や語句を使うことができる。

◉ 指導にあたって ◉

① 教材について

　本教材は，中心人物の太一の少年期から生涯にわたって，全6場面で構成されています。場面ごとに，起こる出来事がはっきりしており，児童もストーリーを追いかけやすい作品です。

　この教材に出てくる登場人物の生き方や考え方は，中心人物である太一の生き方や考え方に大きな影響を与えています。太一の変容をしっかりと読み取るためにも，それぞれの登場人物の生き方や考え方を丁寧に読み取る必要があります。特に，「海のめぐみだからなあ」や「千びきに一ぴきでいいんだ」という登場人物のセリフや，「本当の一人前の漁師」や「村一番の漁師」といった言葉の意味を考えることで，この物語の題名でもある「海の命」について考えることができます。

② 主体的・対話的で深い学びのために

　本教材は，父の死のことや，太一がなぜ与吉じいさの弟子になったのか，太一が巨大なクエを打たなかった理由は詳しく書かれていません。そのため，児童からは，先ほど挙げた点についての疑問は必ず出てくるでしょう。それらを基に，登場人物の生き方や考え方にかかわるものを取り上げて，単元構成することが大切です。

　また，詳しく書かれていないがゆえに，物語の登場人物の生き方や考え方を基に，児童はその理由を想像しながら読むことになります。そこで，「AかBか」といった選択肢のある学習課題を設定して，それぞれの考えを話し合う時間を設定することも大切です。このような活動を通して，多面的に考え，自分の考えを広げることが，物語を読む楽しさにもつながるのではないでしょうか。

　単元の終わりには，登場人物の生き方や考え方について自分の意見を書く活動を設定します。そこでは，自分の生き方や考え方との比較や，登場人物の言動に対する批評を書き，他者との交流を通して自分の考えをより豊かにしていきます。

◉ 評価規準 ◉

知識 及び 技能	語句と語句との関係，語感や言葉の使い方に対する感覚を意識して，語や語句を使っている。
思考力，判断力，表現力等	・「読むこと」において，人物像や物語の全体像を具体的に想像したり，表現の効果を考えたりしている。 ・「読むこと」において，文章を読んで理解したことに基づいて，自分の考えをまとめている。 ・「読むこと」において，文章を読んでまとめた意見や感想を共有し，自分の考えを広げている。
主体的に学習に取り組む態度	登場人物の関係等に着目して自分の考えを広げることに進んで取り組み，学習課題に沿って互いの意見を交流しようとしている。

◉ 学習指導計画　全6時間 ◉

次	時	学習活動	指導上の留意点
1	1	・物語を読み，疑問に思ったことを書き出す。 ・物語の設定を確認し，内容を一文で書き表す。	・疑問に思ったところに線を引きながら物語を読ませる。
2	2	・太一に最も影響を与えた人物は誰かについて考える。 ・この物語に母親は必要かについて話し合う。	・登場人物それぞれの関係が分かりやすいように，矢印などでつないで整理する。
	3	・父と与吉じいさの漁師としての生き方や考え方の共通点や差異点を考える。 ・2人の死の違いについて話し合う。	・2人の死を比較することで，それぞれの生き方や考え方の違いについて理解を深める。
	4	・「本当の一人前の漁師」と，「村一番の漁師」の違いについて考え，話し合う。	・「本当の一人前の漁師」と「村一番の漁師」の違いについて，前時の学習を基に考えられるようにする。
	5	・太一が巨大なクエを打たなかったわけを考え，話し合う。 ・「海の命」が表すものについて考える。	・太一が考え方を変えた理由を，ほかの登場人物と関係づけながらまとめる。
3	6	・それぞれの人物の生き方について，自分の考えをまとめる。 ・まとめたものを基に，グループで話し合い，意見や感想を交流する。	・自分の考えを広げるために，できるだけ多くの友達と交流できるように時間を設定する。

📀 **収録（イラスト）** ※本書 P194, 195 に掲載しています。

海の命

第 **1** 時 （1/6）

本時の目標
物語の設定と，内容の大体をつかみながら読むことができる。

授業のポイント
通読させた後，物語を読んでの疑問点などを確認する。その後，物語を一文で表現させ，児童の読みの実態を把握する。

本時の評価
物語の設定と，内容の大体をつかみながら読んでいる。

板書例

〈物語を一文で表現する〉「【A】が【B】によって【C】になる話」という文型で物語をまとめさ

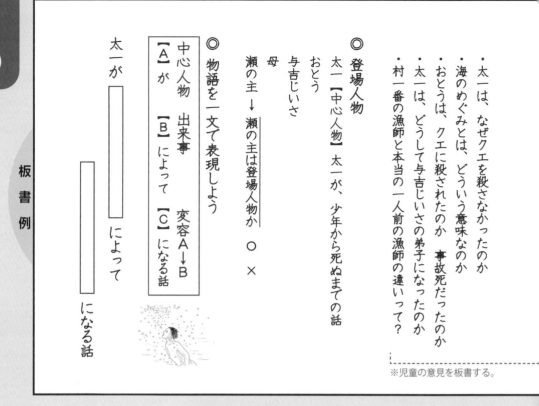

・太一は，なぜクエを殺さなかったのか
・海のめぐみとは，どういう意味なのか
・おとうは，クエに殺されたのか　事故死だったのか
・太一は，どうして与吉じいさの弟子になったのか
・村一番の漁師と本当の一人前の漁師の違いって？

◎登場人物
太一【中心人物】　太一が，少年から死ぬまでの話
おとう
与吉じいさ
母

◎物語を一文で表現しよう
瀬の主 → 瀬の主は登場人物か　○　×

中心人物　出来事
【A】が　　　　　変容A→B
【B】によって
【C】になる話

太一が
によって
になる話

※児童の意見を板書する。

---

1 想像する　つかむ　題名や挿絵から物語へのイメージを広げ，単元のめあてを確認しよう。

教科書P217の題名と絵に着目させる。

「『海の命』という題名と絵を見て，どのような物語だと想像しますか。隣の友達と相談しましょう。」

海の生き物の命が関係しているんじゃないかな。

絵に出てきている少年と海での生活を描いた物語なのかな。

ペアでの話し合い後，考えを発表させる。

教科書P217のリード文を読み，単元のめあてを確認する。
・登場人物の関係を捉えて，人物の生き方について話し合うんだね。

---

2 読む　考える　物語を読み，疑問に思ったところを発表しよう。

「それでは，『海の命』を一通り読みましょう。」

疑問に思ったところや，みんなで話し合ってみたいところには，線を引きながら物語を読ませる。

「物語を読んで，疑問に思ったことや，みんなで話し合ってみたいことを書きましょう。」

ノートに箇条書きさせる。書かれた内容を確認し，黒板に書かせてもよい。

疑問に思ったことや，話し合ってみたいことを発表しましょう。

なぜ，太一は与吉じいさに弟子入りしたのだろう。

太一は，なぜ瀬の主を打たなかったのだろう。

短冊に書いて，教室に掲示するなどの工夫もできる。

せることで，児童の読みの実態を知ることができます。

海の命

立松 和平(たてまつ わへい)

㊍ 物語のあらすじをとらえよう

単元のめあて

> 登場人物の関係をとらえ、人物の生き方について話し合おう

◎ 「海の命」を読んで、疑問や話し合いたいこと
・なぜ、題名が「海の命」なのか
・おとうが見た瀬(せ)の主と太一が見た瀬の主は、同じか

🔍 主体的・対話的で深い学び

・本教材は，小学校生活最後の物語文である。通読後に，児童に疑問点や話し合いたいことを発表させる。太一の変容につながる，それぞれの人物像を読み取る課題を，児童の疑問から整理して，単元を構想できるようにしたい。
・登場人物の確認では，瀬の主の扱いについて意見が分かれるだろう。ここでは，対話する時間を設けて，考えを出し合う時間を確保したい。

準備物
・黒板掲示用イラスト
　📀 収録【6下_20_01〜6下_20_06】

---

3 確かめる　物語の時や場所，登場人物を確認しよう。

「この物語の登場人物をノートに全て書きなさい。」
　列指名で登場人物を発言させていく。
　・太一，おとう，与吉じいさ，母，瀬の主

> 瀬の主は，登場人物なのかな。

> 人のように話したり，動いたりはしていないから違うと思うな。

> 瀬の主は，この物語で重要な存在だと思うんだけどな…。

　瀬の主（クエ）は，重要な存在ではあるが登場人物には入れないこと，中心人物は太一であることを確認する。

「この物語は，太一がいつからいつまでの話ですか。」
　・太一が少年から，大人になるまで
　・生涯と書いているから，太一が少年から，死ぬまでのことじゃないかな。

---

4 書く　物語の大体を一文で表現しよう。

「この物語を一文で表現しましょう。」
　これまでの文学作品を例に挙げながら，文型と書き方を説明する。
　文型…【A】が【B】によって，【C】になる話
　【A】は，中心人物の太一
　【B】は，クライマックスでの出来事
　【C】は，中心人物の変容

> 太一がクエを打たなかったことで，家族が幸せに暮らせた話。

> 太一がクエを打たなかったことで，海の命を守ることができた話。

　ここでは，他者との話し合いの時間は取らない。初読での児童の読みを確かめる。

海の命

第 2 時 （2/6）

本時の目標
太一に影響を与えた人物について，叙述を基に考えることができる。

授業のポイント
太一に最も影響を与えた人物について考えることを通して，登場人物の生き方や考え方を整理できるようにする。

本時の評価
太一に影響を与えた人物について，叙述を基に考えている。

板書例

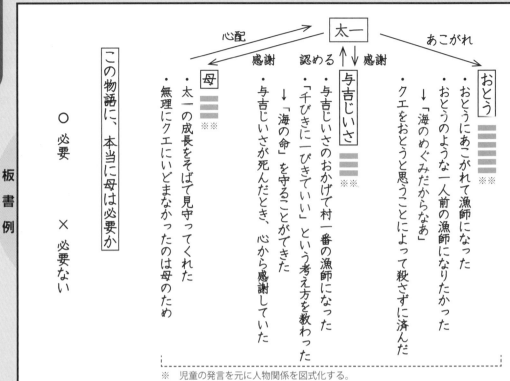

〈人物の関係を図式化する〉それぞれの人物との関係を図式化することで，太一の生き方に影響を

太一
心配 ← あこがれ →
感謝 認める ↑↓ 感謝

母
※※
・太一の成長をそばで見守ってくれた
・無理にクエにいどまなかったのは母のため

与吉じいさ
※※
・与吉じいさのおかげで村一番の漁師になった
・「千びきに一ぴきでいい」という考え方を教わった
↓
・「海の命」を守ることができた
・与吉じいさが死んだとき，心から感謝していた

おとう
※※
・おとうにあこがれて漁師になった
・おとうのような一人前の漁師になりたかった
↓
「海のめぐみだからなあ」
・クエをおとうと思うことによって殺さずに済んだ

この物語に，本当に母は必要か
○ 必要
× 必要ない

※ 児童の発言を元に人物関係を図式化する。
※※自分の決めた立場に名札を貼らせる。

---

1 振り返る つかむ
登場人物の確認をして，本時のめあてを確認しよう。

前時の振り返りをする。

「前の時間を振り返ります。この物語に出てくる登場人物をすべて答えましょう。」
・太一，おとう，与吉じいさ，母です。

教科書 P217 のリード文を読む。
「この物語では，それぞれの登場人物の生き方が太一に影響を与えています。この３人の中で，最も太一に影響を与えた人物は誰でしょう。」

太一が漁師になろうと思ったのは，おとうが影響しているよね。

与吉じいさの教えがあったから，村一番の漁師になれたよな。

母は，あまり出てこないから影響は少ない気がするな。

2 書く 話し合う
太一に最も影響を与えた人物について，自分の考えを書き，話し合おう。

「太一に最も影響を与えたと思う人物を決めましょう。」
黒板に名札を貼り，自分の立場を決めさせる。

「その人物を選んだ理由をノートに書きましょう。」
叙述を基に，理由を書かせる。理由が１つ書けたら教師に見せに来させる。教師が一言添えながらチェックすることで，自信をもたせる。

「同じ立場の友達と，グループを作って話し合います。」
４人程度のグループを作って話し合わせる。

おとうの意志を受け継いだから瀬の主を追ったんだよ。

おとうの仇を討とうと考えていたから，与吉じいさにお願いしたと思うな。

与えた人物についての考えを整理しやすくします。

海の命　　立松　和平

め 太一に最もえいきょうをあたえた人物は
だれだろう

○登場人物
・太一 … 中心人物（主人公）
・おとう
・与吉じいさ
・母

主体的・対話的で深い学び

・「太一に最も影響を与えた人物は誰か」と選択させることで，児童は主体的に叙述を基に考えようとするだろう。ここでは，理由を書いた後に同じ立場同士で相談する時間を取っている。考えを共有することで，全員参加の授業が展開できるようにする。
・本時では，母を選ぶ児童は少ないと予想する。そこで，「母は本当に必要か」と切り返すことで母の存在の意味を考えさせたい。

準備物

・名札

---

3 発表する 整理する　太一に最も影響を与えた人物について，全体で考えを発表しよう。

「それでは，順番に選んだ理由を発表しましょう。」

人物ごとに，順番に発表させる。

太一はおとうにあこがれて漁師になっているから，おとうが最も影響を与えたと言えるよ。

村一番の漁師に育ててもらったんだから，与吉じいさがいちばん影響を与えているよ。

母が心配してくれていたから，太一は無理にクエと戦わなかったと思うな。

児童の発言を基に，太一との関係を図式化して整理する。次時以降のクライマックス場面で，太一の変容に影響を与えた生き方や考え方へとつながっていく。

---

4 考える　この物語における母親の存在について考えよう。

母は物語にあまり登場していませんね。太一に何も影響を与えていないのではないですか。

わざわざ母を登場させたのには，何か理由があるはずだ。

児童の立場は，おとうと与吉じいさに多く集まることが予想される。そこで，揺さぶりを入れることで母が登場する意味を考えさせる。

・父と同じ瀬に行くことを心配していた母が，6場面では「おだやかで満ち足りた，美しいおばあさんになった」と書いているよ。
・太一の生き方の変化と何か関係してそうだね。
・それぞれの人物の生き方をもっと詳しく読み取っていきたいな。

海の命

本時の目標
父と与吉じいさの考え方や死を比較して，それぞれの生き方について考えることができる。

授業のポイント
どちらがよい漁師かを考えることを通して，共通点や差異点を見い出し，2人の生き方について考えられるようにする。

本時の評価
父と与吉じいさの考え方や死を比較して，それぞれの生き方について考えている。

板書例

〈共通点と差異点〉父と与吉じいさの共通点と差異点を整理することを通して，2人の思想の共通

・誰ももぐれないような速い瀬でももぐれる（うてがい）	・魚を海に自然に遊ばせたくなるぐらい海のことを考えている
・一人前の漁師にあこがれている	
・一人前の漁師↑太一が育て上げた	・太一を村一番の漁師に

二人の死には、どんなちがいがあるのだろう

○ロープを体に巻いたまま、水中でこときれていた　　○真夏のある日、毛布をのどまでかけてねむっていた

苦しい死　くやしい死　　　　　　　　　　　　　　じゅ命でなくなった　ねむっていた…安らかな死

クエに殺されてしまった？
クエをねらって欲が出てしまった？　　　　　　　　最後まで海の命を守った

「一人前の漁師」と「村一番の漁師」のちがいって何だろう

---

1 つかむ・書く　本時の学習課題をつかみ，自分の考えを書こう。

前時の振り返りをし，本時の学習課題を把握する。
・太一に最も影響を与えた人物について考えたね。
・おとうと与吉じいさを選ぶ人が多かったね。
・母親も大事な役割を果たしていたよね。

太一に影響を与えたおとうと与吉じいさって，どちらがいい漁師なのかな。

どちらも海に感謝して海の命を大切にしているなあ。

どちらもいい漁師だと思うけど，どちらかと言えば…。

自分の立場を決めて名札を貼らせる。

「選んだ理由を書きましょう。」
　漁の仕方や，漁師としての考え方といった視点から考えるように促す。

2 発表する　「どちらがよい漁師か」について考えを発表しよう。

それでは，どちらがよい漁師かを発表しましょう。

本文の言葉を根拠に考えを発表したいな。

「まずは，おとうを選んだ理由を発表しましょう。」
・潮の流れが速くて，誰にも潜れない瀬にたった一人で潜れるから。
・「海のめぐみだからなあ。」と海を大切にしている。
・2メートルもある大物をしとめても自慢しない。

「続いて，与吉じいさを選んだ理由を発表しましょう。」
・1000匹に1匹でいいと考え，海の命を大切にしている。
・たくさんの魚を捕まえず，20匹までと決めている。
・大きなタイを釣り糸1本で捕まえられる。

点と死の違いについて考えられるようにする。

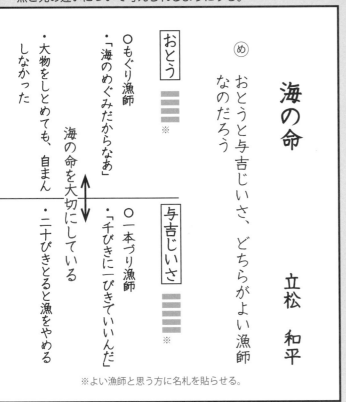

海の命　立松　和平

め　おとうと与吉じいさ、どちらがよい漁師なのだろう

○もぐり漁師
「海のめぐみだからなあ」

おとう
━━━
━━━
※

○一本づり漁師
・「千びきに一ぴきでいいんだ」

与吉じいさ
━━━
━━━
━━━
━━━
※

海の命を大切にしている ↕

・大物をしとめても、自まんしなかった
・二十ぴきとると漁をやめる

※よい漁師と思う方に名札を貼らせる。

主体的・対話的で深い学び

・2人の漁師としてのあり方を問うことで，それぞれの思想や死に着目しながら，両者の生き方について考えることができるようにする。
・授業の後半部では，2人の死の違いについて考えることで，目の前の瀬の主に挑み，命を落とした父と，最後まで海の命を守り，安らかな死を迎えた与吉じいさの違いを捉えさせたい。そうすることで，太一の変容に影響を与えたものが何かも見えてくるだろう。

準備物

・名札

3 話し合う　おとうと，与吉じいさの共通点や差異点について話し合おう。

「2人のことを比べてみて，似ているところはどこかな。」

「海のめぐみだからなあ」と「千びきに一ぴきでいいんだ」という言葉から海の命を大切にしているところが似ていると思います。

海の命に感謝をしているところが似ているよ。

　　漁の仕方や，思想・考え方などを分類しながら黒板に整理する。
・おとうも与吉じいさも，同じ瀬で漁をしているね。
・同じ瀬でも，漁の仕方は違うよね。
「そうですね。では，今度は2人の異なる点を考えましょう。」
・おとうは，少し危険な漁をしている気がするな。
・2人の死に方が違うと思うな。

4 話し合う　2人の死の違いについて考えよう。　まとめる

「2人の死に方には，どんな違いがありますか。」
・与吉じいさは，寿命で亡くなった。
・与吉じいさは，安らかな死だと思ったよ。
・おとうは，クエに殺されてしまった。
・えっ，クエは何もしていないと思うな。

おとうは，瀬の主を捕ろうという気持ちが強すぎて命を落としたと思うな。

そう考えると，与吉じいさの方がよい漁師なのかな。

瀬の主にもりを刺してからも，夢中になって追いかけたのかもしれないね。

「太一が目指していた『本当の一人前の漁師』と，与吉じいさの言う『村一番の漁師』も何か違いがあるのかもしれませんね。」

海の命

本時の目標
物語に出てくる漁師についての2つの考え方の違いについて，自分なりの考えをもつことができる。

授業のポイント
「村一番の漁師」と「本当の一人前の漁師」との違いを考えることを通して，登場人物の生き方について捉えられるようにする。

本時の評価
物語に出てくる漁師についての2つの考え方の違いについて，自分なりの考えをもっている。

〈言葉の意味を考える〉本時では，「本当の一人前の漁師」と「村一番の漁師」の2つの言葉の意

板書例

太一は、なぜクエを打たなかったのだろう

・命を落とすかもしれない
・父と同じように、欲が出て「海の命」がくずれる
・巨大なクエをとることで、「海の命」を守り続けることができる漁師
・自分の名よのため
・自分の名よのため
・本当の一人前の漁師になることは、個人の夢みたい

本当の一人前の漁師
・本当の一人前の漁師になる
・その村で一番いい漁師
・「海の命」を守り続ける
・海のめぐみに感謝できる
・「千びきに一ぴきでいい」
・自分のことだけでなく、家族も幸せにできる漁師

村一番の漁師

「本当の一人前の漁師」と「村一番の漁師」のちがいは何だろう

与吉じいさ
「お前は、村一番の漁師だよ。ここは、お前の海だ。」

・父をこえる漁師になること
・父も破れなかった瀬の主をとれる漁師のこと

※児童の発言を板書する。

※児童の発言を板書する。

---

1 振り返る つかむ
前時の振り返りをして，本時の学習課題をつかもう。

「前の時間は，おとうと与吉じいさの共通点と異なる点をまとめましたね。」
- 共通点は，どちらも海のめぐみに感謝をしていることだったよね。
- 死の違いを考えることで，2人の生き方の違いも少し見えてきたね。

「今日は物語の山場での太一の考え方の変化について学習しましょう。」
学習への見通しをもたせる。

物語文では，山場で登場人物の気持ちや考え方が変わるよね。

この物語では，太一が巨大なクエと出会う場面だね。

---

2 考える
「本当の一人前の漁師とは，どんな漁師か」について考えよう。

「巨大なクエと出会う物語の山場で，『この魚をとらなければ，本当の一人前の漁師にはなれない…』と書かれていますね。」
- 太一は，泣きそうになりながら思っているよ。

太一の考える「本当の一人前の漁師」って，どんな漁師のことでしょうか。

きっと，おとうを超える漁師になることだね。

「おとうを超える漁師とは，どういうことでしょう。」
- おとうが敗れた巨大なクエを捕ることだと思う。

味を考えることで，登場人物の生き方に迫っていきます。

海の命　　立松　和平

め　「本当の一人前の漁師」と「村一番の漁師」とのちがいを考え、物語の山場での太一の考え方の変化をとらえよう

○物語の山場　巨大なクエとの出会い
太一…この魚をとらなければ、本当の一人前になれない

太一の考える「本当の一人前の漁師」とは、どんな漁師のことだろう

・本時で扱う2つの言葉は，登場人物の生き方を考える際の大きな手掛かりとなる。また，太一の生き方の変容にも大きな関係がある。次時以降の太一の変容を読み取るためにも，しっかりと言葉の意味を確認したい。

準備物

3 考える　「本当の一人前の漁師」と「村一番の漁師」の違いを考えよう。

「この物語には，他にも漁師についての言葉が出てきますね。」
　・与吉じいさが太一に「おまえは村一番の漁師だよ。」と言っていました。
　・「太一は村一番の漁師であり続けた」とも書かれています。

「太一の考える『本当の一人前の漁師』と，与吉じいさの言う『村一番の漁師』には，どんな違いがあるのでしょうか。自分の考えを箇条書きしましょう。」

「村一番の漁師」は，「海の命」を守り続ける漁師のことだと思うな。

「本当の一人前の漁師」は，太一個人の夢のように感じるな。

4 話し合う　「本当の一人前の漁師」と「村一番の漁師」の違いについて話し合おう。

「本当の一人前の漁師」と「村一番の漁師」の違いについて，自分の考えを発表しましょう。

「本当の一人前の漁師」になるには，命を落とす危険性が高い気がする。

「村一番の漁師」は，海の命をずっと守ることができる漁師だと思うな。

「太一は，村一番の漁師であり続けたのですね。他の登場人物は，この2つのどちらの漁師と言えますか。」
　・おとうは，一人前の漁師だと思う。腕はいいけど，大きなクエを追い求めすぎたから。
　・与吉じいさは，村一番の漁師だと思うな。その村の海のことを考えて漁をしているから。
「太一は，なぜクエを打たなかったのでしょう。次の時間に話し合いましょう。」
　　次時は，太一の変容について考えることを告げてから終える。

海の命

第 5 時 （5/6）

本時の目標
太一の心情や考え方の変化を捉え，題名の意味について自分の考えをもつことができる。

授業のポイント
これまでの学習で読み取ったことを基に，太一の心情の変化が捉えられるようにする。そして，最後は「海の命」について自分の考えをまとめる。

本時の評価
太一の心情や考え方の変化を捉え，題名の意味について自分の考えをもっている。

〈関係づけて考える〉本時では，これまでの学びを関係づけて太一の変容を読み取ることが大切です。

板書例

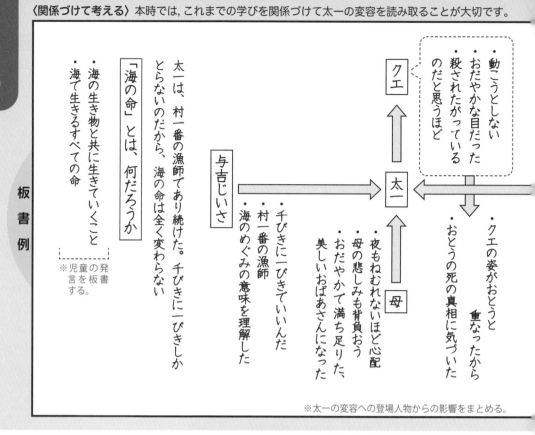

・海で生きるすべての命
・海の生き物と共に生きていくこと

「海の命」とは，何だろうか

太一は，村一番の漁師であり続けた。千びきに一ぴきしかとらないのだから，海の命は全く変わらない

※児童の発言を板書する。

与吉じいさ
・千びきに一ぴきでていいんだ
・村一番の漁師
・海のめぐみの意味を理解した

母
・夜もねむれないほど心配
・母の悲しみも背負おう
・おだやかで満ち足りた，美しいおばあさんになった

太一

クエ
・動こうとしない
・おだやかな目だった
・殺されたがっているのだと思うほど

・クエの姿がおとうと重なったから
・おとうの死の真相に気づいた

※太一の変容への登場人物からの影響をまとめる。

---

1 つかむ　本時の学習課題をつかもう。

授業開始とともに，「変容」と板書する。

「変容とは，中心人物の心情や考え方が変わることです。この物語で太一が変容するのは，どの場面ですか。」

・追い求めていた巨大なクエを打とうとしているところです。

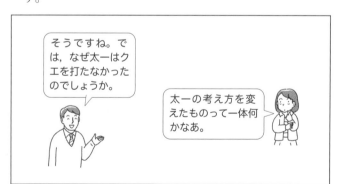

そうですね。では，なぜ太一はクエを打たなかったのでしょうか。

太一の考え方を変えたものって一体何かなあ。

「今日の学習では，太一の考え方を変えたものは何かを考えましょう。」

2 考える　これまでの学習を振り返り，太一がクエを打たなかった理由を考えよう。

「これまでの学習を振り返ってみましょう。太一の考えが変わるきっかけは，何だったのでしょう。」

これまでの学習を振り返る。

・太一の変容には，母の存在も関係しているのかな。
・おとうと与吉じいさの漁師としての姿をもう一度，振り返ってみようかな。
・「村一番の漁師」と，「本当の一人前の漁師」の違いも関係しているのかもしれないな。

「太一がクエを打たなかった理由をノートに書きましょう。」

「本当の一人前の漁師」と「村一番の漁師」の違いからまとめてみよう。

心配している母のことも考えたんじゃないかな。

考えを書く前に，これまでの学びを振り返る時間を取りましょう。

主体的・対話的で深い学び

・太一の変容を読み取るには，これまでの学習を振り返り，それぞれの登場人物の生き方や考え方を基に捉えることが大切である。そこで，自分の考えを書く前に，これまでの学習をしっかりと振り返る時間を取るようにする。
・授業の後半部では，「海の命」の意味を考える時間を取り，作品が最も伝えたい内容は何かを考え，学びをさらに深める。

準備物

海の命　　立松　和平

め　太一の考え方を変えたものは何かを考えよう

○変容　中心人物の心情や考え方が，変化すること

太一は，なぜクエを打たなかったのか

おとう
・父をこえる漁師になりたい
・本当の一人前の漁師

---

3 発表する　太一がクエを打たなかった理由について，発表しよう。

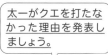
太一がクエを打たなかった理由を発表しましょう。

クエの穏やかな目を見て，海のめぐみの大切さに気づいたと思います。

太一は，与吉じいさの「千びきに一ぴきでいいんだ」という考えによって変わったと思います。

・太一は，この海で生きていくには「村一番の漁師」でいることが大切だと気づいたのだと思います。
・与吉じいさの生き方を選んだのだと思います。
「与吉じいさ以外に，太一が変わるきっかけはないでしょうか。」
・心配している母の姿が頭に浮かんだのだと思います。
・父と同じようにクエを打って命を落とすわけにはいかないと気づいたのかもしれません。
　　登場人物からの影響を黒板にまとめる。

---

4 考える　題名の「海の命」が表すことについて，自分の考えをまとめよう。

「題名の『海の命』には，どのような意味が込められているのでしょうか。これまでの登場人物の考え方や生き方をヒントに，自分の考えをまとめましょう。」
・「海のめぐみだからなあ」や「千びきに一ぴきでいいんだ」という言葉から考えてみようかな。
　　早く書けた児童の考えを板書させるなどして，なかなか書けない児童のヒントにするとよい。

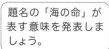
題名の「海の命」が表す意味を発表しましょう。

海の命とは，海の生き物と共に生きていくことだと思います。

瀬の主だけでなく，海で生きるすべての命だと思います。

できるだけ，多くの児童の考えを発表させる。

海の命

本時の目標

登場人物の生き方や考え方について，自分の考えをまとめて共有し，自分の考えを広げることができる。

授業のポイント

これまでの学習を基にして，登場人物の生き方や考え方について自分の考えをまとめられるようにする。

本時の評価

登場人物の生き方や考え方について，自分の考えをまとめて共有し，自分の考えを広げている。

板書例

〈質問とコメント〉それぞれの考えを交流する場面では，自分の考えを広げることが大きな目的です。

おとう
・まっすぐに自分の目標にちょう戦する生き方
・家族を養うために，大物にもちょう戦する

与吉じいさ
・海のめぐみに感謝し，海と共に生きる
・最後まで，自分の考えをつらぬいた

母
・家族のことをいつも気にかけている
・心配しながらも温かく見守る，やさしさと強さ

○自分の考えを書こう
①登場人物と自分を比べて書く
②印象に残っている言葉や行動について
③登場人物の言葉や行動について賛成か反対か
「○○の〜という言葉はいいと思う。
　なぜなら…だからである。」

○交流しよう
・質問やコメントを必ず入れよう

※選んだ登場人物に名札を貼らせる。
※児童の考えを板書させる。

---

1 つかむ — 単元のめあてを振り返り，本時の学習課題をつかもう。

「この学習の大きなめあては，『登場人物の関係をとらえ，人物の生き方について話し合おう』でした。」

・これまでの学習で，それぞれの登場人物の生き方や考え方について読み取ってきたね。
・太一の変容にも，周りの登場人物の影響が大きくあったよね。

今日は，特に印象に残った人物の生き方や考え方について自分の考えをまとめ，交流しましょう。

わたしは，与吉じいさを選ぼう。

どの登場人物にしようか迷うな。友達は，誰を選ぶのか楽しみだな。

本時のめあてを確認し，見通しをもたせる。

2 考える 書く — 登場人物の生き方や考え方を，短い言葉で表現しよう。

「登場人物の中で，生き方や考え方がいちばんいいなと思うのは誰ですか。」

選んだ登場人物を名札を使って確認する。

「その登場人物の生き方や考え方を，短い言葉でまとめましょう。」

教師が書き方のモデルを示すとよい。

太一は，海のめぐみだけでなく，家族のことも幸せにできる生き方だな。

おとうは，命を落としはしたけど，自分の意志を貫く人だな。

早く書けた児童の考えを黒板に書かせて，なかなか書けない児童の手立てにする。

そのためにも，質問やコメントを入れることがポイントになります。

海の命　立松 和平

<small>め</small> 登場人物の生き方や考え方について自分の考えをまとめ、交流しよう

○どの人物の生き方や考え方がよいか

太一
・考え方を変えることで、家族のことも守りぬいた
・優しくてたくましい生き方

🔍 主体的・対話的で 深い学び

・本時の学習は，単元の学習のまとめである。これまでの学習をいかして，それぞれが感化された登場人物の生き方や考え方をまとめられるようにする。その際，書き方の例や，型を提示することで安心して書き進められるようにしたい。

・交流する場面では，できるだけ多くの考えに触れられるように時間設定を考える。質問やコメントをするように指導することが大切である。

準備物

・名札

---

3 書く　登場人物の生き方や考え方について，自分の考えを書こう。

 登場人物の生き方や考え方について，自分の考えを書きましょう。

 どのようにまとめていけばいいのかな。

次のように，自分の考えをまとめさせる
①登場人物と自分を比べて書く
②印象に残っている言葉や行動について
③登場人物の言葉や行動について批評する（○○の〜という言葉はいいと思う。なぜなら…）

書くことが苦手な児童のために，黒板に例文を書いたり，書き進めている児童の文章を読み聞かせたりする。

---

4 交流する　それぞれの考えを交流し，感想をまとめよう。

「それでは，自分の考えを友達と交流します。」
　　　自由に立ち歩いてペアを作り，それぞれの考えを伝え合う。その際，①質問やコメントをすること，②男女関係なく話し合うことなど，話し合いの仕方を確認してから交流させる。

 家族を最後まで守り続けた太一は，村一番の漁師であり，父を超える本当の一人前だと思ったよ。

なるほど。その考えはわたしには思いつかなかったな。

「友達の考えを聞いて，感想をノートに書きましょう。」
　　　友達の考えを聞いて自分自身の考えが，どのように広がったのかを書くように伝える。

DVD 収録（イラスト）

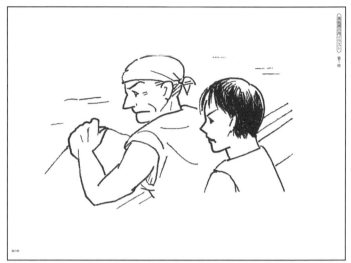

中学校へつなげよう／生きる／今，あなたに考えてほしいこと

全授業時間 4 時間

◉ 指 導 目 標 ◉

・文章を読んでまとめた意見や感想を共有し，自分の考えを広げることができる。
・比喩や反復などの表現の工夫に気づくことができる。
・自分が思ったことや考えたことが伝わるように詩を朗読することができる。
・文章を読んで理解したことに基づいて，自分の考えをまとめることができる。

◉ 指 導 に あ た っ て ◉

① 教材について

　小学校生活最後の国語の学習単元です。「中学校へつなげよう」では，「話す・聞く・書く」「話す・聞く」「言葉」「書く」「読む」の 5 つの大項目ごとに 6 年間の国語の学習を振り返る学びをします。
　「生きる」「今，あなたに考えてほしいこと」の 2 つの教材は，いずれも「生きること」「生き方」について考えていくことができます。中学生を目前に控えた児童一人ひとりが「これから自分はどのように生きていきたいのか」について，深く考えることができる教材です。

② 主体的・対話的で深い学びのために

　「中学校へつなげよう」の学習では，6 年間の学びでどのような言葉の力が身についてきたのかを振り返ります。そして，「特に身についた力を 3 つ挙げるとしたらどれか」，「順位をつけるとしたら，何が一番になるか」，「一番にした理由は何か」といった 3 つの発問を通じて，より深い学びへと誘うことができます。
　「生きる」の作品では，「共感できる文はどれか」，「作者はこの詩を通して，あなたに何を伝えたいのか」といった問いを投げかけます。児童同士で対話を繰り返し，自身の考えを広く，深くすることが可能でしょう。
　「今，あなたに考えてほしいこと」の作品でも，他者との対話を通して深い学びの実現を目指します。「どこがいちばん心に響いたのか，その理由は何か」「筆者は読み手であるあなたに何を考えてほしいのか」といった問いを投げかけ，児童の思考場面を確保します。

◉ 評 価 規 準 ◉

知識 及び 技能	・比喩や反復などの表現の工夫に気づいている。 ・自分が思ったことや考えたことが伝わるように詩を朗読している。
思考力，判断力，表現力等	・「読むこと」において，文章を読んで理解したことに基づいて，自分の考えをまとめている。 ・「読むこと」において，文章を読んでまとめた意見や感想を共有し，自分の考えを広げている。
主体的に学習に取り組む態度	読んで考えたことを積極的に共有し，今までに学んだ言葉の力を振り返って，生活の中で言葉をよりよく使っていこうとしている。

◉ 学 習 指 導 計 画　全 4 時 間 ◉

次	時	学習活動	指導上の留意点
1	1	・P233 の教材名やリード文から，単元で考えていくことをイメージする。 ・「中学校へつなげよう」で，6 年間の国語学習を振り返り，身につけた「言葉の力」を整理する。	・学習して身につけた「言葉の力」を振り返らせる。
2	2	・「生きる」を読み，作者のメッセージについて考え，自分の考えをまとめる。	・児童が自分の考えをノートに書く時間を保障する。 ・ペア・グループでの対話を通して，児童が考えを広げたり深めたりすることができるようにする。
	3	・「今，あなたに考えてほしいこと」を読み，筆者のメッセージを受け取り，自分の考えをまとめる。	・児童が自分の考えをノートに書く時間を保障する。 ・ペア・グループでの対話を通して，児童が考えを広げたり深めたりすることができるようにする。
3	4	・自分がこれからどう生きていきたいかについて考えを交流する。 ・「生きる」を朗読する。 ・改めて 6 年間の国語学習を振り返り，頑張ってきたことを「表彰状」に書く。	・朗読は，全員で行ったり，代表に朗読させてどのような思いで朗読したのかを交流したりする。

中学校へ
つなげよう
第 ① 時 （1/4）

本時の目標
6年間で身につけてきた「言葉の力」を振り返り，友達と交流することができる。

授業のポイント
自分がどの言葉の力が身についたのかを考える手立てとして，ランク付けを取り入れる。そうすることで，言葉の力について真剣に考える姿が多く見られる。

本時の評価
6年間で身につけてきた「言葉の力」を振り返り，友達と対話しながら交流している。

板書例

〈振り返り〉小学校6年間の学びを振り返ります。自分ができるようになったこと，できていない

※教科書 P234，235 の拡大コピーを貼る。

学習の流れ

① 234、235ページに言葉の力をまとめる

② 特に力のついた言葉の力を三つ選ぶ

③ 三つのうち、一位から三位までランク付けする

（理由も）

④ 交流する

参照ページ

● 7ページ
「六年生で学習すること」

● 248〜251ページ
『たいせつ』のまとめ

---

1 めあて つかむ 　6年間の学習を振り返ろう。

「いよいよ小学校生活最後の国語の単元ですね。まずは，学習課題を確かめましょう。」
　　　教科書 P233 のリード文を読み，学習課題を確かめる。
「では，6年間の国語の学習を通して身につけた『言葉の力』を振り返ります。6年間でできるようになったことを項目ごとに書いていきましょう。」

例えば，「読み深めるとき」にどんなことができるようになりましたか。

自分だったらどうしただろう，と自分と比べながら読むことができました。

作者の独特な表現の仕方に注目して読むことができました。

教科書 P7，P248〜251 やこれまでのノートなどを参考に教科書 P234,235 の「中学校へつなげよう」の空欄に自分ができるようになったことを書き込んでいく。

2 書く 　特に自分が身についたと思う言葉の力を選ぼう。

「書き込んだ『言葉の力』の中で，特に自分が身についたと思うものをまず3つ選びましょう。」
「次に，3つ選んだ中で，どれが一番にあたるのか，ランク付けとその理由を考えてみましょう。」
　・一番目は「話すとき」かな。声の大きさや目線に気をつけることができるようになったから。二番目は「文章を見直すとき」，三番目は何かな。

ぼくは，「言葉の使い方」かな。中学校に向けて特にこの1年で言葉の使い方が変わったと友達や先生に言われるようになったからです。

わたしは，「聞くとき」に，メモを取ったり，反応しながら聞いたりできるようになりました。

ノートにランク付けと理由を書いておく。

ことを振り返り，課題意識を明確にします。

中学校へつなげよう

め 六年間で身につけた言葉の力を
ふり返ろう

学習課題 六年間で身につけた言葉の力をいかして、
感じたことや考えたことを交流しよう

主体的・対話的で深い学び

・展開3の各児童が選んだ「言葉の力」のランク付けとその理由を交流する活動では，それぞれが言いっぱなしで終わるのではなく，「発言する⇒質問する⇒説明する」の一往復半の対話を意識させることが大切である。

準備物

・（黒板掲示用）教科書 P234,235の拡大コピー

3 交流する 対話する 自分の書いた言葉の力を友達と交流しよう。

「みんなが書いた『言葉の力』を友達と交流しましょう。交流が終わったら，感想を何人かの人に聞くので準備しておいてください。」

　　　実態に応じて，交流を行う。理想は，教室内を立ち歩いて，出会った人と交流をする。気づいたこと，新たに考えたことは赤ペンでノートにメモを取るように指示する。

ぼくは，一番目に「文章を組み立てるとき」を選びました。文章を書くのが苦手だったけど，話題の順番を考えて組み立てるとうまく書けるようになりました。

田中くんの文章はとても分かりやすくなったと思うよ。わたしは，「読書」です。国語の時間に本の交流をしたとき，友達の考え方に影響されて，本を読むのが楽しくなったからです。

　　　クラス全体でも共有できるよう黒板に教科書の拡大コピーを貼って児童の考えを埋めていってもよい。

4 振り返る 交流したことを振り返ろう。

「今日の学習を通して，考えたことや気づいたことを発表しましょう。」

　　　ノートに本時の学習の振り返りを書き，書き終わったら，発表する。

・友達と交流することで，あの授業でこんなことを頑張ったとか，できるようになったということを思い出すことができました。

山本さんと一緒で，「話し合うとき」を一番に選んでいたよ。いっぱい話し合ったことが力になったよ。

それぞれに一番が違うけれど，言葉の力が身についているね。

わたしは「話し合うとき」が一番です。「海の命」の話し合いで，考えが広がったよ。

友達と交流すると，たくさん気づくことがあったよ。まだまだ一緒に勉強したいな。

生きる

第 2 時 （2/4）

本時の目標
作品を読んで，感じたことや考えたことをまとめることができる。友達と交流することで，自分の考えを深めることができる。

授業のポイント
作者が読み手に何を伝えたかったのかを考えることを通して，「生きること」について，自分の考えを明確にすることができる。

本時の評価
詩「生きる」を読んで，感じたことや考えたことをまとめている。友達との交流で考えを広げたり深めたりしている。

板書例

〈選ぶ〉気に入った一行を選択すると，それぞれの感じ方の違いを交流することができます。そう

※詩「生きる」の拡大コピーを貼る。

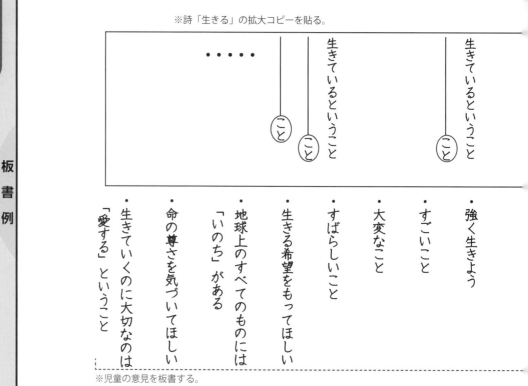

生きているということ（こと）
生きているということ（こと）
・・・・・（こと）（こと）

・強く生きよう
・すごいこと
・大変なこと
・すばらしいこと
・生きる希望をもってほしい
・地球上のすべてのものには「いのち」がある
・命の尊さを気づいてほしい
・生きていくのに大切なのは「愛する」ということ

※児童の意見を板書する。

---

1 めあて つかむ　詩「生きる」を読もう。

「前の時間に『6年間で身につけた言葉の力』を振り返りましたね。今日は，それらの言葉の力をいかして「生きる」という詩を読んでいきます。」
　　本時のめあてを確認する。
「『生きる』という題名からどんな詩なのかを想像しましょう。」
　・生きることの大切さについて書いた詩かな。
　・生きるとはどういったことなのかを表現したものだと思います。

（教師が範読する）「生きる」を読んで，気がついたこと，考えたこと，思ったことを自由に交流しましょう。

連の最後が「こと」で終わっているね。それと，連の最初が「生きているということ」で始まっているね。表現の工夫で学習したね。

「生きているということ」をいろいろなことに例えているよ。

2 読み深める　気に入った一行を選ぼう。

「今度は各自で読んでみましょう。そして，いちばん気に入った一行に印をつけておきましょう。」
　　どの一行を選択したのか人数を把握しておく。その後，なぜその一行が気に入ったのか理由をノートに書くように指示する。
「選んだ理由を友達と交流しましょう。」
　・わたしは，「鳥ははばたくということ」です。鳥のように自分の力で羽ばたくことが生きることにつながるからです。

ぼくは，「自由ということ」というところを選びました。自分の好きなこと，自分のしたいことができるのが生きるということだと考えているからです。

わたしは，「かたつむりははうということ」です。どんな小さな生き物でも命があって大切だと思うからです。

すると，作品の主題を考えることに深みが出ます。

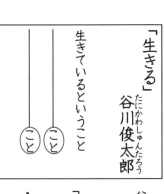

生きる

め 六年間で身につけた言葉の力をいかして、「生きる」を読んで感じたことや考えたことを交流しよう

「生きる」
谷川俊太郎（たにかわしゅんたろう）

生きるということ

谷川俊太郎さんの
伝えたかったこと

「生きること」
・大切なこと

主体的・対話的で深い学び

・展開3では，作者が読み手にいちばん伝えたかったことは何かを考え，友達と交流する活動がある。自分の意見を一方的に伝えるのではなく，他者と対話しながら自分の考えを深めていくことが大切である。

準備物

・（黒板掲示用）「生きる」拡大コピー

3 交流する　作者がいちばん伝えたいことは何かを考えよう。

「谷川俊太郎さんは，この『生きる』という詩を通して読み手にどんなことを伝えたかったのでしょうか。」
　ノートに自分の考えを書き，ペアやグループで意見交流をする。友達の意見や考えを聞いてなるほどと思ったことは，赤ペンでノートにメモを取るようにする。

> ぼくは，生きるということを大切にしなさいということを言っていると思います。また，みんなに「強く生きなさい」って言っていると思いました。

> 生きていることは，すごいこと，大変なことだなと感じました。だからこそ，生きることの素晴らしさを伝えたいのではないかと思いました。

　積極的にメモを取っている児童や，話し相手がいない友達に自分から歩み寄っている児童を褒めるようにする。

4 振り返る　交流したことを振り返ろう。

「今日の学習を通して，考えたことや気づいたことを発表しましょう。」
　ノートに本時の学習の振り返りを書き，発表する。

> 「生きる」という意味は，人によって違うことが分かるね。

> 人間だけでなく，地球上のすべてのものには「いのち」があるということが伝わったよ。

> 「人は愛するということ」がやっぱりいちばん言いたいことじゃないかな。

> 「いま」という言葉が印象深いな。今この一瞬にもどこかで命が生まれたり，消えたりしている。だから，この一瞬一瞬を大切にしたいよ。

・生きていると嫌なこともあるけど，友達や周りの人に助けられて生きていくことができる気がしました。
・友達と交流することで，生きることは明日を作るということが分かりました。明日のために，今日を精一杯生きようと思いました。

今，あなたに 考えてほしいこと

第 3 時 （3/4）

本時の目標
作品を読んで，考えたことや感じたことをまとめることができる。友達と交流することで，自分の考えを深めることができる。

授業のポイント
筆者が読み手に何を伝えたかったのかを考えることを通して，「生き方」について，自分の考えを明確にすることができる。

本時の評価
作品を読んで，自分の考えをまとめている。友達との交流で考えを広げたり深めたりしている。

板書例

〈読む〉精読し，筆者が何を伝えたいのかを考えるようにします。心に響いたところ，納得すると

・未来のことまで考えて生き方を探していくのが，今求められる生き方だということ

〈みなが生き生き暮らせる社会を築くにはどんなことが考えられるか〉

・想像力 （人間だけにある）

・思いやり （人、自然、他の生きものに）

・命…人間も他の生きものの命も同じ

・SDGs の17のゴール

※児童の意見を板書する。

学習の進め方

① 「これからわたしたちにできる」ことは何か」について考える

② 交流する 「話す→質問する→説明する」

③ グループで交流する

④ ふり返り

---

1 めあて つかむ　「今，あなたに考えてほしいこと」を読もう。

「今日はこの作品をもとに授業をします。題名からどんな内容なのかを想像しましょう。」

「今，あなたに考えてほしいこと」と板書する。

・環境問題について考えてほしいのかな。

・前の時間からつながっていて，「生きる」とはどういったものなのかを考えるのかな。

「今日はこの作品を読んで感じたことや考えたことを交流していきます。」

教師が範読する。

気がついたこと，考えたこと，思ったことを自由に交流しましょう。

思いやる気持ちから「想像力」が生まれたというのがおもしろかったです。

「想像力」という言葉がこの文章のキーワードになっている気がします。

2 読み深める　筆者が何を伝えたかったのかを考えよう。

「筆者は，この作品を通してわたしたち読み手に何を伝えたかったのでしょう。手掛かりとなる文章を見つけましょう。」

・「想像力を働かせて，これからのことを考えていくと，みなが生き生き暮らせる社会を考え出すこともできる」というところかな。

・「そのような未来にするには，技術をどのように使ったらよいだろう」の部分も大切だと思うよ。

・「未来のことまで考えて生き方を探していくのが，今求められている生き方」というところです。

では，みなが生き生きと暮らすことができる社会を築くために，どんなことが考えられますか。

前に学習したSDGsの考えを意識することが大切だと思いました。（学習を振り返る。）

わたしも，SDGsの17のゴールを達成できるように取り組むことが，人や自然，生き物のことを考えることにつながると思います。

ころにマーカーで線を引くとよいでしょう。

今、あなたに考えてほしいこと

め 「今、あなたに考えてほしいこと」を読んで
感じたことや考えたことを交流しよう

〈中村桂子（なかむらけいこ）さんがわたしたちに伝えたかったこと〉

・想像力を働かせて考えていくと、みなが
生き生き暮らせる社会を考え出すことが
できるということ
↓
技術をどのように
使ったらよいか考える

主体的・対話的で深い学び

・前時に続き、本時も自分の考えを友達と交流する活動が多くある。
その際、それぞれが言いっぱなしで終わるのではなく、「発言する
⇒質問する⇒説明する」の一往復半の対話を意識させることが大切
である。

準備物

3 交流する　今、わたしたちに何ができるのかを考えよう。

「では、これからわたしたち一人ひとりにできることは何か
を考え、自分の言葉でノートに書いてみましょう。」
　ノートに自分なりの考えを書き、ペアやグループで意見交
流をする。友達の意見や考えを聞いてなるほどと思ったら、
赤ペンでノートにメモを取るようにする。

小さな生きものの命もぼく
たちの命も、同じ地球に住
むものとして同じ命です。
自分にできることは、節電、
節水です。こまめにエネル
ギーを削減することが命に
つながります。

生きるということは、想
像力を働かせて何かを思
いやることが大切だね。
物にあふれている世の中
だけど、もっと物を大切
にしないといけないと思
います。

・自分のまわりだけでなく、日本、世界に目を向けられる
ようになりたいと思いました。

4 振り返る　交流したことを振り返ろう。

「今日の学習を通して、考えたことや気づいたことを発表し
ましょう。」
　ノートに本時の学習の振り返りを書き、発表する。

想像力ということが自分
はあまりできていません
でした。知ることができ
てよかったです。

今まではあまり考
えもしなかったけ
ど、わたしたち人
間が考えて生きて
いくことが、みん
なの幸せになるん
だね。

「生きる」と同じで、
当たり前に思っている
ことに感謝することが
大切だと分かりました。

・横山さんの「地球に住む一人として、もう少しまわりの
人のことや他の動物のことまで想像していくことが大
切」という意見に納得しました。わたしもこれから想像
力を豊かにして、みんなが幸せになれるように生きてい
きたいです。

卒業する みなさんへ

第 4 時 （4/4）

本時の目標

自分が思ったことや考えたことを文章にまとめて，その思いを朗読で表すことができる。

授業のポイント

前時までの「生きる」「今，あなたに考えてほしいこと」の2つの作品から，自分のこれからの生き方について考える。

本時の評価

自分が思ったことや考えたことを文章にまとめて，その思いを朗読で表している。

板書例

〈意思表示〉誰しもがよりよい自分に成長したいと願っています。温かい雰囲気で決意文を交流し，

「生きる」
谷川俊太郎
※詩「生きる」の拡大コピーを貼る。

朗読のポイント
・かたはばに足を開く
・目線を上げて
・心をこめて
・語りかけるように

表彰状
特にがんばったことや、力がついたと感じることを書こう

---

1 めあて 書く　「これからどう生きていくのか」を文章にまとめよう。

「今日でいよいよ6年生の国語の学習も最後となりました。最後の授業は，『これから自分がどう生きていきたいか』について考える時間です。」

本時のめあてを確認して，学習の流れを共通理解する。

「生きる」「今，あなたに考えてほしいこと」を読んで考えたこと，感じたことをもとに書いてみるといいですね。

ぼくは，思いやるということを考えさせられました。そのことを決意文で表現します。

わたしは，「生きる」の詩がとても印象深かったな。今まで「生きる」ことについて考えたこともなかったから。

決意文は，200字程度でノートに書くように指示する。できるだけ，書く時間を確保する。

2 交流する　グループの友達と考えを交流しよう。

「みんなが書いた考えをグループの友達と交流しましょう。それぞれが書いた決意文を読み合い，コメントを添えましょう。」

ノートを時計回しで読み合い，読んだ感想とよかったことなどのコメントをノートに記入する。早く終わったグループは，交流して気づいたことや新たに考えたことをノートに書き留めるように指示する。

川村さんは，想像力を働かせることを書いていました。これから出会う人の気持ちや思いを想像できるようにわたしもなりたいです。

人や自然や生き物，地球上のすべてのものに目を向けて，わたしたちができることから始められたらいいね。

鈴木さんは，誰かのために自分ができることをする決意が伝わってきました。ぼくも真似したいです。

みんなが思いやる気持ちをもったら，きっと誰にでも何にでもやさしくなって素敵な未来になるね。

互いに認め合うコメントができるようにします。

卒業するみなさんへ

め これからどう生きていくのかを交流し、学びをまとめよう

学習の進め方

① 「これから自分はどう生きていきたいか」について、考えをまとめる
② 交流する
③ 詩「生きる」の朗読
④ ふり返り（306ページ　表彰状（ひょうしょうじょう））

主体的・対話的で深い学び

・展開2は，直接の対話ではなく，筆談での対話になる。書いたものを読み合い，コメントを書くことを通して，考えを伝え合うようにする。
・展開4は，互いの頑張りやよいところを認め合い，温かい雰囲気で交流できるようにする。

準備物

・（黒板掲示用）「生きる」拡大コピー

---

3 朗読する　思いを込めて，詩「生きる」を朗読しよう。

「それでは，先ほど交流した自分の思いを込めて，『生きる』の詩を朗読しましょう。朗読のポイントを4つ紹介します。①肩幅に足を開く②目線を上げて③心を込めて④語りかけるようにの4つです。」

朗読を練習する時間を少し取る。

「では，みんなの思いを込めて朗読にチャレンジしましょう。」

朗読の後に，どのような思いを込めて朗読したのか，やってみてどうだったかを交流する。

> ぼくは，これから自分のことは自分でするんだという希望を朗読で表現してみたよ。

> わたしは，生きることの素晴らしさを学びました。だから，感謝の気持ちを込めて朗読してみました。恥ずかしかったけど，心がすっきりしました。

---

4 まとめ　自分への表彰状を書こう。

「これまでの学習を振り返り，国語の学習で特に頑張ったことや力がついたと感じることを書いて，表彰状を完成させましょう。」

教科書のP306の「表彰状」に記入する。記入した内容をグループで交流する。

> ぼくは，話し合いのときに自分の主張や理由，根拠を明らかにすることができるようになりました。

> わたしは，登場人物の視点に立って，行動の様子から心情の変化を考えることができました。

> わたしは，文章を書き終わった後の推敲を頑張りました。誤字脱字のない文章が書けました。

> ぼくは，自分の考えと比べながら友達の話を聞き，考えを深めることができました。

「6年間で身につけた力を中学校でいかしていきましょう。これで小学校最後の国語の学習を終わります。ありがとうございました。」

つないで，つないで，一つのお話

春の河／小景異情

① 視点のちがいに着目して読み，感想をまとめよう
帰り道

本は友達　地域の施設を活用しよう

漢字の形と音・意味

季節の言葉　春のいぶき

聞いて，考えを深めよう

漢字の広場①

② 筆者の主張や意図をとらえ，自分の考えを発表しよう
〈練習〉笑うから楽しい
時計の時間と心の時間
〔情報〕主張と事例

話し言葉と書き言葉

たのしみは

文の組み立て

天地の文

〔情報〕情報と情報をつなげて伝えるとき

私たちにできること

季節の言葉　夏のさかり

本は友達
私と本
森へ

詩を味わおう
せんねん　まんねん

いちばん大事なものは

利用案内を読もう

熟語の成り立ち
漢字の広場②

③ 作品の世界をとらえ，自分の考えを書こう
やまなし
〈資料〉イーハトーヴの夢

言葉の変化

著者紹介（敬称略）

【著者】

南山 拓也	西宮市立南甲子園小学校教諭
堀井 悠平	徳島市立加茂名小学校教諭
入澤 佳菜	奈良教育大学附属小学校教諭
鈴木 啓史	奈良教育大学附属小学校教諭

＊所属は 2020 年 10 月現在

【著者・特別映像 寄稿】

菊池 省三　　教育実践研究家
　　　　　　菊池道場 道場長

【初版 著者】（五十音順）
岡 篤
菊池 省三
中村 幸成
羽田 純一
原田 善造

（ 喜楽研の DVD つき授業シリーズ ）

新版
全授業の板書例と展開がわかる　DVD からすぐ使える
〜菊池省三 授業実践の特別映像つき〜

まるごと授業　国語　6 年（下）

2015 年 8 月 30 日　　　初版　　第 1 刷発行

2021 年 3 月 10 日　　　新版　　第 1 刷発行

著　　　　者：菊池 省三　南山 拓也　堀井 悠平　入澤 佳菜　鈴木 啓史

イ ラ ス ト：山口 亜耶

撮 影 協 力：有限会社オフィスハル（菊池 省三 特別映像）
　　　　　　河野 修三

企 画・編 集：原田 善造（他 8 名）

編　　　　集：わかる喜び学ぶ楽しさを創造する教育研究所　編集部

発 行 者：岸本 なおこ

発 行 所：喜楽研（わかる喜び学ぶ楽しさを創造する教育研究所）
　　　　　〒 604-0827 京都府京都市中京区高倉通二条下ル瓦町 543-1
　　　　　TEL　075-213-7701　FAX　075-213-7706
　　　　　HP　https://www.kirakuken.co.jp/

印　　　　刷：創栄図書印刷株式会社

ISBN：978-4-86277-308-1

Printed in Japan